いま戦争と平和を語る

半藤一利
井上 亮=編

日経ビジネス人文庫

文庫版　はじめに

聞き手　井上　亮

二〇一五年はアジア・太平洋戦争が終結して七十年の節目の年です。高齢化社会とはいえ、戦争の悲惨さを体験し、それを語ることができる人はますます少なくなっています。七十年というと、昭和三十六年（一九六一年）生まれのわたしが中学生のころに日露戦争（一九〇四―〇五年）を見るような感覚です。戦争の記憶が風化していくことは避けられないでしょう。

節目の年、天皇陛下は新年のご感想を次のように述べられました。

「本年は終戦から七十年という節目の年に当たります。多くの人々が亡くなった戦争でした。各戦場で亡くなった人々、広島、長崎の原爆、東京を始めとする各都市の爆撃などにより亡くなった人々の数は誠に多いものでした。この機会に、満州事変に始まるこの戦争の歴史を十分に学び、今後の日本のあり方を考えていくことが、今、極めて大切なことだと思っています」

われわれ日本人は、戦後七十年をどのように迎え、考えるべきなのか。これに付け加える言葉はないように思えます。天皇の言葉を論を立てる根拠に使用することは弊害も多く、多用は避けるべきなのですが、あえてもう一つ加えると、即位二十年の二〇〇九年の記者会見で天皇陛下は、日本の将来で最も心配なこととして、「次第に過去の歴史が忘れられていくこと」を挙げられました。「昭和の歴史には様々な教訓があり、歴史的事実を知って未来に備えることが大切」とも述べられています。

会見を聞いたあと、半藤一利さんが常々口にしている「昭和の歴史を大教訓とせよ」という言葉が頭の中で重なりました。昭和八年（一九三三年）生まれの天皇陛下と昭和五年生まれの半藤さんは同世代といっていいでしょう。多感な少年時代、焼け野原となった日本を目の当たりにした世代です。

ここ数年、過去を自国に都合よく解釈する歴史修正主義や他民族への憎悪むき出しのヘイト・スピーチなど、「教訓」と「事実」に反する風潮が広がっています。この世代の心ある人たちが、戦争の記憶がしっかりと引き継がれていないことを憂い、焦燥感さえ抱いているようにわたしは感じるのです。

「二度と戦争があってはならない。平和は大切だ」と言葉ではいいますが、戦争の本当の悲惨さを知らなければ、平和を望み、守るという強い意志は育たないのではないか。戦争を体験していない国民が大多数となった現在、このまま過去の記憶が失われていくとしたら、いったい何のための犠牲だったのか、何のための教訓だったのか。ならば、あの戦争の愚かさを骨身に沁みて知っている少数世代として、もうひとふんばりして語っていこう。半藤さんがここ数年に書いたもの、発言した言葉を読むと、その思いを強く感じるのです。おそらく天皇陛下も同じ気持ちではないでしょうか。

わたしから見ると天皇陛下と半藤さんは親の世代です。考えてみると、わたしたちは親世代から戦争の実体験を聞くことができる最後の世代ともいえるでしょう。わたしたちの子供にはもう戦争を体験として語ることはできません。

正直いって、わたしたちの世代は親の戦争体験を引き継ぐことに熱心だったとはいえません。大学生以下の世代では、日本とアメリカが戦争をしたことを知らない人まで現れているといいます。これは彼らの親世代であるわたしたちの世代の責任でもあります。

半藤さんに長時間のインタビューをお願いしたのは、戦争の話をできるだけたくさん聞き、それらを記録にとどめて次の世代へ引き継いでいくことがわたしたちの義務であると考えたからです。

ただ、このような格好のいい動機だけではありません。近代史に関する深い学識と旧軍人などへの余人の及ばない取材体験をもとにした半藤さんの歴史談義は無類のおもしろさがあり、その頭の中の引き出しをどんどん開けてみたいと思ったからでもあります。

インタビューは二〇〇八年から二〇一〇年にかけて、十数時間にわたって行いました。そのときか半藤さんにはわたしが聞きたいと思ったテーマごとにお話しいただきました。そのときから五年が過ぎていますが、話の内容はまったく色あせていません。

これからお読みいただく話の中には「えっ、そうだったのか」と定説を覆す視点が随所に提示されています。「残念ながら」の口癖で始まる名調子。張り扇を叩くような語りのリズム。通常なら陰惨な気分だけに終わりがちな戦争体験談も、好奇心をかきたてられる歴史探訪へと変わります。歴史好きなら、この名「歴史探偵」の話を聞かずにはおれません。

「『歴史』という言葉の裏側には、常にぴったりと〝事実〟というものが貼りついていることをしっかりと理解しなければ、歴史を正しく知ったことにならない」（半藤一利著『昭和史探索』第一巻の冒頭）

この言葉が示すように、半藤さんの歴史観には過剰な愛国心や左翼、右翼的なイデオロギーなどの「人工添加物」はいっさいありません。語りの材料は事実という「天然素材」のみです。

半藤さんは日本近代史の教訓として、何よりも大切なのが「リアリズムと常識」だといいます。見栄えがよく、心地よい響きはあるものの、べっとりとした着色料が混じった歴史観とは一線を画す、地に足のついた戦争論、平和論がここで語られていると思います。

目次

文庫版　はじめに　　井上亮　3

第1章　歴史は「人間学」　11

歴史というのはあくまで人間がつくるものです。日本人とはどういうものなのか、危機に直面したときにどういう選択をするのか、どういうものの考え方をするかなどが昭和史から見えてくるんです。

第2章　わたくしの戦争体験　47

今でも覚えているのは、「自分は死ぬまで絶対という言葉は使わないぞ」と思ったことです。「絶対日本は勝つ」「絶対自分の家は焼けない」「絶対自分は人を殺さない」「絶対日本は正しい」というが、絶対なんてない、と。

第3章　隅田川の青春　69
「次のオリンピックには必ず日本も参加できるんだ。そのときは戦後日本が独立できるときなんだ」なんて自分なりに思っていましたからね。だから、大学ではボート部ざんまいの生活を送ったわけです。

第4章　昭和史にのめり込む　93
証言を残しておかないと、みんな消えちゃうぞと思っただけです。とにかく歴史というのは残しておかなきゃ消えちゃうんだと。関係者がどんどん亡くなっていきましたから、できるだけ残しておいたほうがいいという思いがあった。

第5章　「日本のいちばん長い日」　121
終戦に関してはかなり研究しました。なぜそこまでこだわったかというと、戦争に負けたときほど日本人が、日本人らしさといいますか、精神の根っこをさらけ出したときはないと思うんです。

第6章　勝利で堕落した日本人　145

日露戦争後の日本というのは、あらゆる意味で墓穴を掘りだしたというか、大国主義でいい調子になりだしたんじゃないですか。もう少し日露戦争後をきちっと調べないと、近代の日本、つまり大正、昭和もよくわからないんですね。

第7章　昭和の失敗の教訓　171

事件では、やはり満州事変と二・二六事件、三国同盟でしょうね。この三つが太平洋戦争までを決定づけたんじゃないかと思いますね。

第8章　作家たちの歴史観　199

近代日本は外圧によって無理やり国をこじ開けられた。日本人は一度押しつぶされて、はい上がって、この国家を作ってきたんだという思いがあるみたいですね。そういう思いから脱却しているのは、漱石や荷風などごく少数でした。

第9章　戦争責任　233
占領期が終わったあとに出てきた資料を見ると、やっぱり天皇は相当本気で戦争のことを考えていたというのがわかります。天皇だけじゃないですか、亡くなられるまで戦争責任を感じていたのは。

第10章　平和主義こそ日本の機軸　265
戦後は戦争というものが日本人の意識からなくなっちゃった。あるのはただ悲惨とか悲劇であるとかそういうことばかりです。そこから来る平和というのは観念なんです。本当の平和論というのはそうじゃない。

本当に戦争を語り継ぐ、ということ　赤坂 真理　291

歴史というのはあくまで人間がつくるものです。
日本人とはどういうものなのか、
危機に直面したときにどういう選択をするのか、
どういうものの考え方をするかなどが
昭和史から見えてくるんです。

第1章◎歴史は「人間学」

日本は四十年ごとに興亡を繰り返してきた

――半藤さんは近代日本興亡四十年周期説を唱えていらっしゃいますね。それはどういうことですか。

以前出版した『昭和史』（平凡社）の中でも書いた説なんです。学説として認められるような堂々としたものではないんです。仮説でしかないんですが、四十年で日本の近代史を区切っていくと、うまく説明できるので唱えています。

嘉永六年（一八五三）のペリー来航以来、日本は開国か攘夷《じょうい》かということで国論が二分しました。いわゆる変革が訪れたわけです。幕府は当時、列強との力の差はどうしようもないとさとって開国を朝廷の勅許なしに決めた。それがけしからんということで攘夷運動が起きました。朝廷は当時、ものすごい攘夷ですからね。とくに孝明天皇という人は攘夷の塊《かたまり》なんですね。そこで幕府が勝手に開国を決めたということで尊王攘夷運動が起きる。

しかし、下関戦争と薩英戦争[*1]で外国列強にはとてもかなわないということがわかった。そこで「開国やむなし、ただこれは将来攘夷をするための開国だ」と朝廷が決めたのが慶応元年です。一八六五年ですね。つまり国策が開国ということで一つになったときです。近代日本はここからスタートとした、と考えていいのです。ですから、国内戦争なんて起きなくてもいいのに、変革の動きが激しくなるとそうはいかなくなった。こんどは尊王攘夷ではなく尊王倒幕運動に変わって、余計な国内戦争が起き、結果的に幕府は倒れるわけです。

そうなんですが、近代日本というのは慶応元年に開国という国策が決まったときから、建国が始まったとみたほうがいいと思います。そして明治となりどういう国家を目指したかというと、富国強兵という目標を押し立てて、国家を動かす機軸として立憲君主制を選択した。明治憲法下で国民が一致して、司馬遼太郎さんの言葉を借りれば、〝坂の上の雲〟を目指して走りあがっていった。

そして日清戦争、日露戦争という国難に勝って、世界の強国の仲間入りをした。独立日本というものを世界に堂々と示して、国家作りを完成させた。それが日露戦争が終わった明治三十八年、一九〇五年ですね。一八六五年からちょうど四十年です。

しかし、日露戦争に勝って強国の仲間入りをしたと同時に勝ったことが良くない方向にいった。少しうぬぼれたといいますか、「われわれはすごいのだ」と思い込んで国力を考えない大理想を描きました。国民も同様に過剰な自信を持った。こんどは国家目標を富国強兵というような地味なものではなくて、アジアの盟主として立とうということにした。そして立憲君主制というより、日本独特の天皇は現人神《あらひとがみ》なんだということを押し出しました。

世界に冠たる国民だということでうぬぼれておのれを見失い、かえって世界を相手にけんかを売るような形になって、国際連盟から脱退する。孤立してしまったのに「栄光ある孤立」と唱え、世界を相手に戦争を始めてしまう。そしてせっかくつくった大日本帝国を滅ぼしてしまう。それが昭和二十年、一九四五年です。日露戦争から数えてこれも四十年です。国をつくるのに四十年、滅ぼすのにも四十年かかった。

戦後になり六年間は占領下で独立国ではなかった。昭和二十七年、一九五二年からサンフランシスコ講和条約[*2]が発効して敗戦日本は独立国家として新しい国づくりを始めた。これは廃墟からの再生ということで始まったんですが、それがまもなく復興になり繁栄となる。経済大国を目指すという形の国家作りを始めた。

このときの国家目標は軽武装の通商国家としての繁栄でした。国家の機軸は新憲法＝平和憲法だったと思います。という形で戦後の国家作りを始めまして、それが見事に成功し

＊1　下関戦争は一八六三、六四年の二回にわたって長州藩と英仏蘭米四国との間に起きた武力衝突。壊滅的な敗北を喫した長州藩は攘夷政策を転換し、欧米から知識、技術を取り入れ軍備を近代化していく。薩英戦争は一八六三年に鹿児島湾で起きた薩摩藩と英国との砲撃戦。これをきっかけに薩摩藩も攘夷政策を転換する。

＊2　第二次世界大戦の連合国と日本との間の戦争状態を終結させるための平和条約。一九五一年九月八日に調印、五二年四月二十八日に発効した。

ました。その最高のときが平成元年であります。一九八九年です。この年の暮れに株価が最高値をつけましたね。東京証券取引所の平均株価は、実に三万八九一五円をつけたのです。史上最高のときです。

しかし、三年後の九二年にバブルがはじけます。これも一九五二年の独立から四十年たったことになる。つまり四十年史観にぴったりです。ここから先は予想ですが、その九二年から勘定して四十年後の二〇三二年の日本を考えたとき、かなり心配ですね。少子高齢化の流れがこのままだと、働く人がどんどんいなくなる。この国はすでに国内需給などは危なくなっている。そんな形でどういう国家になるか、ものすごく心配です。

わたくしは日本が再び滅びるとは思っていません。ただ、もし選択を誤れば、ちょうど昭和の日本が次から次へと選択を誤って、とうとう国を滅ぼしてしまったように、またこの国はおかしくなってしまうのではないかということを考えるんです。

維新の実態は権力闘争

――幕末時のお話をもう少し詳しく聞かせてください。とくにこのころの日本人について、どうお考えですか。

繰り返していいますが、わたくしは慶応元年が近代日本のスタートだったと思います。なぜそういうことをいうかというと、それまでは京都の朝廷は少なくとも攘夷だった。ところが、幕府の方は開国の思いがあって条約を結んでしまったため、大もめにもめた。兵庫沖に米、英、仏、蘭の四ヵ国が軍艦を持ってきて京都に大砲を向け、「早く約束を守れ、神戸港を開港せよ」と迫ってきた。それまではごまかしていたけれども、結果的には京都の朝廷も追い詰められて、もはやだめだと観念した。

徳川慶喜が仕方なしに出した攘夷の命令に従って長州は四ヵ国の連合艦隊と戦争をやり、薩摩も薩英戦争でイギリスと戦ってコテンパンにやられたわけですね。したがって、攘夷はできないということがわかった。大砲を持ってきて京都の方へ向けられて開港を迫られたときに、京都の朝廷もやむを得ぬということで承認するわけです。これが慶応元年十月です。その瞬間から、幕府も朝廷も一致して、国策として開港ということになった。

裏側では長州も薩摩も、いずれ攘夷をするけれども今はできないから、攘夷をするためにとりあえず開国するのだといって、いきり立つ攘夷の志士たちをなだめたんです。このときから国策が一致したわけですから、近代国家というのはそこからスタートしたと考えています。したがって、くり返しますが、わたくしが勝手にいっていることですが、日本の近代国家のスタートは慶応元年ということになります。

途端にそこからパッと変わったのが薩摩と長州です。とくに西郷隆盛と大久保利通を中心とする連中が「尊王攘夷」という合い言葉を「尊王倒幕」と変えて、チャンスだから幕府を倒すという方向に変わります。それまではごちゃごちゃでやっていたんですが、あそこから急に倒幕に変わって、倒幕論がガーッと表に出てくる。

当時の人たちは本当に倒幕をやろうなんて考えてなかったと思います。ただ、西郷と大久保は考えていました。木戸孝允（桂小五郎）は考えていたのかな、と思って彼の手紙などをよく読んでみたんですが、それほど倒幕論者ではないですね。どちらかというと、慶喜を別につぶさなくても、使えばいいじゃないかというところがあった人だと思います。それと岩倉具視です。この公卿出身の人も骨の髄からの倒幕論者でした。

岩倉具視と西郷、大久保の三人が、断固とした倒幕論者になって、あそこから急に動きが変わってくるんですね。とにかく幕府を倒さないと新しい国がつくれないと。慶応元年の十月に開国と決まって、慶応四年一月の鳥羽・伏見の戦いで幕府が敗走するわけですから、二年ちょっとで一気に変わってしまうわけです。

いずれにしろ、あそこから近代日本はスタートした。つまり、開国により世界の仲間入りをして新しい国づくりが始まったと考えると、勝海舟がいうように本当はあのとき一致して、早く共和制なら共和制を考えて国づくりを始めていたら、余計な国内戦争をする必要はなかったんです。恨みを百年残すようなことはなかった。薩摩はイギリス、幕府はフランスという大国の代理戦争などをやる必要はなかった。

でも、そうはいかなかったところはありますね。それは時代の流れというものでしょう。やっぱり革命には、若干の国内戦争が起きるわけです。

その国内戦争も英仏の代理戦争という大々的なものにならず、奥州だけが犠牲になった形で鎮まって、いよいよ新しい明治国家が始まるわけですが、こんどは勝者たちの間での権力争いが続きました。慶応元年以降の幕末というのは、結局は、わたくしにいわせれば、一致した国策とは関係ない権力闘争でしかないんですよ。その権力争いというのは明治十年の西南戦争において西郷隆盛という一方の雄がつぶれるまで続いたと思います。

明治維新という言葉でわたしたちはすぐに新しい国家が始まったように思いますが、わたくしはどうも違うと思いますね。サムライをどんどん排除していって、西南戦争で明治十年の秋に西郷さんが死んで、木戸孝允はその年の五月に病死しています。翌年の春には大久保利通が暗殺される。これでサムライの時代が終わり、権力闘争がパシャッと終わってしまうんです。やっと幕末が終幕した。

そして、本当に急にといっていいぐらい、大久保の跡継ぎが伊藤博文、西郷の跡継ぎが山縣有朋というような形で後継者が天下を取る。でも、西郷や大久保ほどの力がない人たちですから、最初のうちは力を合わせてやったわけです。そして、ここから「この国をどのような国にするか」ということで、明治の国家作りが始まったと思います。ほんとうの意味での近代日本はそこから第一歩を踏みだしたのですよ。

国家の機軸として持ち出された天皇

それではどういう国づくりをするかというのを、本当はもう少しよく考えればよかったんですが、とにかく急いでやらなければいけなかった。ただ、インフラの面では鉄道とか通信など西洋文明はどんどん取り入れていますから、格好としては文明開化していくんです。でも、人間の精神や考え方、思想などは依然として昔どおりですよ。

明治維新、明治維新と簡単にいいますが、明治維新というカッコいい言葉を同時代人は使わなかった。当時は「ご一新」といったんです。これは明らかです。明治維新という言葉をつくったのはどなたか知りませんけれども、明治十三年ぐらいのある文章でポコッと出てきて、それから「維新」という言葉をやたらに使うようになった。

維新というのは「これ新たなり」というだけの話ですけれども、言葉としては「ご一新」なんかよりはるかに重々しく聞こえてきますから、その後「明治維新」として使われるようになる。「幕末維新」といって、すぐ維新が来たようなことがいわれますが、あれは過大評価です。あくまで単なる「ご一新」だというふうに考えてみれば、新しい国づくりは明治十一年ぐらいから始まっている。

国づくりの方向としては、山縣有朋が先頭を切る軍事大国をひたすら目指すというものが一つありました。ただ、それだけじゃすまない、政府というものをどういうふうに動かしていいかわからない。またここで新国家像をめぐって大隈重信と伊藤博文の新たな権力争いが起きたりするんですが、ハードの面での文明開化だけは進んでいます。ともあれ当初は、民政の方ではどういう国をつくっていいかわからない状態のまま、軍事国家への道だけが着々と進んでいったんですね。

そして、明治十年代の新たな権力争いに敗北した連中がみんな自由民権運動に走るわけです。その一方で山縣有朋を中心とする連中は、何とか国を強くしなければならないということで軍事国家への道を着々と進めます。参謀本部をつくって、参謀本部条例もつくって、統帥権《とうすいけん》を独立させる。帷幄上奏権《いあくじょうそう》といって、軍のトップが天皇にじかに上奏できるシステムをつくり、軍事大国への道を突っ走っていきました。

伊藤博文を中心にして国内政治の方は相変わらず、すったもんだやっているんですが、自由民権運動に押されて、結局、憲法による立憲君主国家をつくるということになった。これは伊藤博文の決断だと思います。とにかく新しい国づくりのためには国の機軸というものを定めなければいけない。伊藤博文が諸外国へ憲法の勉強に行っている間に学んできたことです。しかし、西洋の場合は国の機軸としてキリスト教などいろいろあるんですが、日本の場合はそれがない。かといって、八百万《やおよろず》の神の神道というわけにいかないし、もちろん仏教というわけにもいかない。

ということで、天皇家というものを持ち出すわけです。国家の機軸に天皇家を置いて、官僚国家、立憲君主国家をつくり、官僚によって国家を運営していこうということにした。もちろん伊藤博文だけではなくて、そう考えた知恵者がたくさんいた。立憲君主国家をつくるというのは、自由民権運動に押しまくられて、自由民権運動の人たちをなだめるためでもありました。とにかく議会をつくるから、おまえたちも議員になって出てこいという形にしたわけです。

国会開設ということがきまり、憲法ができると同時に、自由民権運動もパタッと終わってしまいます。そして議会がすぐ開かれます。

国家の誕生時からあった膨張主義

というような形でやっと国家体制ができるのが、明治二十年代の初めごろです。憲法ができ、議会ができ、内閣ができという形で、日本の国家は一方に軍事国家、片方に自由民権主義で天皇を中心とする官僚国家というもので走っていく。そして、よく見ると、明治の初めの五箇条の御誓文に「智識ヲ世界ニ求メ大ニ皇基ヲ振起スベシ」という言葉があるように、どうやら日本の膨張主義というものが早くから見えてきます。

その最初の起こりが征韓論ですけれども、征韓論にあれほど反対した岩倉具視や大久保利通が、西郷さんが野に下ると同時に台湾征伐[*1]をやるんです。それから、清国と大交渉をやるわけです。だから、膨張主義の大国意識というのは、どうやら日本にはスタート時点からあったと思います。

日本人というのは、国家をつくり出して、まだ植民地になる危険性があるときから、すでに外に膨張していこうというものすごい意欲を持っていた。積極的なんです。不思議ですね。これが基本にあるから、その後の日本がだんだんおかしくなっていく。

だから、司馬さんの『坂の上の雲』の時代は、国民が一致団結したよき時代でそのあとから悪くなったということではなくて、最初から悪くなる要素は持っていたと思いますね。それに国民にこれほどすごい犠牲を強いた国もないと思います。国民もよく我慢しましたね。この点では、司馬さんが『坂の上の雲』で、こんなに小さな東洋の島国が世界の列強に伍して負けないような国家になったのが奇跡なら、重税に耐えて頑張ってきた国民の方はもっと奇跡であるといっていますね。そう思いますね。

その後、日露戦争に勝って、まさに独立国というものを完成するわけです。それが明治

＊1　難破して台湾に漂着した琉球船乗組員が先住民に惨殺された事件に対し、明治政府は一八七四年（明治七年）に三千人以上の征討軍を送った。日本初の海外派兵だった。

三十八年（一九〇五年）です。慶応元年が一八六五年ですから、ちょうど四十年間で国家をつくったというのがわたくしの四十年興亡史観です。

慶応元年からいきなり新しい近代国家の道を開いたわけではなくて、右往左往しながら、やっと国家と国民を一つにまとめての国家作りに成功した。これはいろんな理屈をいうことができるんですが、要するに、江戸時代からの日本の民衆のレベルがかなり高かったからだと思います。それは明らかに高い。読み書きソロバンを徹底的にやっていた。

幕府というのはさんざん悪口をいわれますけれども、ものすごく優秀な人材をたくさん抱えていたと思います。それまで、旧来の陋習というか、むしろ封建制によって芽が出なかった人たちがたくさんいた。私塾などですごく勉強していた連中が多いから、それらが新しい国家作りのときにたいへん役立ったと思います。

たとえば、海軍でいいますと、明治の日本海軍の大将は薩摩と長州、あとは宮さまだけです。ところが中将や少将になると、静岡県出身がずらっとそろう。彼らはみんな旧幕臣で、造船とか機械とか造機とか通信の技術者なんです。技術者は大将にはなれなくて、中将にしかなれない。でも、日本の海軍は旧幕臣たちのものすごい勉強が基礎になっています。こういうこともあって、短い間にうまく国づくりができたと思います。やはり奇跡ですね。

しかし、残念ながら、急いで坂の上の道を駆け上がったばっかりに、本当は解決しておかなければならない問題が手つかずだった。自由民権主義がいつの間にか抑えられてしまう形で、議会で話し合うということになりました。しかし、歴代内閣を見ればわかりますが、薩長で全部占めていますから、そんなにうまくいきませんでした。でも、一応発言の機会を持てました。新聞などジャーナリズムにどんどん人が行くという形で自由民権運動はすぐにはつぶれなかったけれども、やがてつぶされていくことになります。

大きな未解決の問題として、国家の軍隊をつくったとして、それをどう運営していくのかということがありました。軍隊の指揮権に対する合意がなかったんです。伊藤博文と山縣有朋は下級武士出身で、もともと侍なんて嫌いな人間です。侍を全部つぶしてしまって自分たちが天下を取ったときには同志的な結合状態にあった。その点で明治の初めごろはもめなかったんです。本当はこの時期に統帥権問題についてきちっと解決しておかなければならなかったと思います。

日露戦争後の明治末期から大正、昭和へと、そのツケが全部回ってきました。四十年史観からいうと、まさに日露戦争の後、国民がうぬぼれのぼせて膨張主義、大国主義で昭和に突入していって、軍が政治に介入し、世界中を相手にして戦って国を滅ぼしてしまう。その根本原因となったものに、統帥権があるわけです。

幕末から明治にかけてのこの時代に国家を滅ぼすための種は全部あったと思います。ですから、維新、維新などといって明るい面ばかり見ないで、あの時代をもう少し丁寧に考えないといけません。

外で守らざるを得ない日本列島

――明治維新の段階で何を国家の機軸とするかというときに、あの当時、国民を統合するのに天皇制というのは非常に有力な方策だったと思いますが、天皇以外の機軸を使う手はありましたか。

勝海舟や大久保利通がいったように、天皇は京都においたままいままで通りにして大統領制にし、共和制国家をつくってしまう手はあったかもしれません。ただ、そうするには、明治十年代の自由民権運動が強過ぎました。まだ国家の方針が決まっていないときに、自由民権運動のほうが突っ走っていましたから、薩長の人たちも共和制にする度胸はなかったでしょうね。

結局、薩長だけが勝って、土佐も大隈重信に代表される肥前もつぶされますからね。そういう時期に大隈あたりを中心とする自由民権運動と共同で大統領制の共和国家というのは、なかなかつくれなかったのではないかと思います。

――仮に幕府をつぶさずに温存した形で近代化を進めていたとしたら、どんな国になっていたでしょうか。

もしもということで考えたら、これはおもしろいですね。幕府を温存するということは、たとえば福井の殿様（松平春嶽）を温存し、薩摩の島津家も温存し、土佐の山内家も温存しという形になって、巨頭政治になってくるでしょうが、さて、これはどうでしょうかね。近代国家への道をそんなにスマートに歩けたろうかとなると、そうはならなかったでしょう。幕府が倒れたときに島津久光は「次の将軍はおれだ」といったといいますが、明治四年の廃藩置県で殿様たちが全部つぶされるまでは、みんなそのつもりでいたと思います。ですから、このイフは、なかなか答えづらいところがありますね。

――日本の膨張主義の根底には対外的な恐怖心もあったと思います。

ありますね。それは日本の地政的な問題として考えなきゃいけないでしょうね。日本の国の海岸線は長いですし、真ん中に背骨のように山脈がどんとあって奥行きがない。上陸されたら、守るのにこれほど不利な地勢はない。こんなに長大な海岸線を守るにはものすごく多くの軍隊がいります。そういう意味では、当時の日本人が、指導者がこの国を外敵からいかに守るかということを考えたときには、やはり外に出て守るというよりほかなかったと思います。

だから、初めのうちは日本の軍備というのは「海陸軍」だったんです。海で守る。ところが国内では神風連の乱や秋月の乱[*1]などが起きてしまったものですから、鎮圧のため陸軍

＊1　神風連の乱は一八七六年（明治九年）十月、廃刀令に反発する旧肥後藩の士族が熊本で起こした反乱。これに呼応して、福岡でも旧秋月藩士族による反乱が起きた。

が主になり「陸海軍」に逆転するんです。国内戦争向きに陸軍を強くしたわけです。ただ、この逆転のころから、外圧に対する恐怖心も芽生えてきています。

こんなに南北に長い国を守るのは大変ですよ。だから、外側で守るしかない。それにいちばん都合がいいのは朝鮮半島ということになる。ですから、朝鮮半島を何とか確保するということが早くからの命題でした。すでに征韓論あたりから朝鮮半島をできれば自国の勢力下にというのはありました。朝鮮半島に対する野心というのはものすごいものでした。

それが明らかになるのは日露戦争で勝ったときですけれども、いずれにしろ、日本の国を守るためには外郭線を守らなければいけない。外郭線の一番の焦点は朝鮮半島です。なにしろすぐ手のとどくところに存在しているんですから。やがてはその朝鮮半島を守るためには満州を守らなければいけないというので、どんどん外へ行くんですね。

南もそうなんです。明治四十年代からアメリカが仮想敵として登場してくると、日本を守るためには小笠原を守らなければいけない。小笠原を守るためにはマリアナ諸島を守らなければいけない。マリアナ諸島を守るためにはマーシャル諸島を守らなければいけない。マーシャル諸島を守るためにはラバウルまで行かないといけないという形でダーッと防衛線が延びていくんですね。

日本は防衛線を拡張していく形で守るしかないということを政治家も軍部もかなり前から考えていました。日露戦争が終わったときに、石橋湛山さんの小日本主義[*1]のように膨張主義ではない形での国防を考えることもできたと思うんですが、「そんなことで国が守れるか、馬鹿いうな」という人のほうが圧倒的多数であったんですね。

――対外的な防衛という意識と、もう一つ当時の風潮としては、早く欧米に追いつきたいという意識も強かったですね。その悪しきところ、植民地主義、帝国主義を学んでいきました。

そうです、帝国主義というものをどんどん学んでいった。

基本的にはアヘン戦争[*2]の恐怖というのが、やはり全部の人にしみついていますからね。イギリスが無理やりアヘン戦争を仕掛けて清国をぶちのめしたというのは、かなり早く情報として入ってきていましたから、そういう意味では、外圧に対する恐怖心というのが根底にあったと思います。数えられないほどの人口をもつ大国が、わずか十数隻の軍艦によって潰滅させられたというのですからね。

ですから、日本の膨張主義、大日本主義のスタートは幕末にあり、西南戦争が終わった

＊1　戦前、「東洋経済新報」の石橋湛山（のちの首相）らが、植民地を拡大していく大日本主義を批判。すべての植民地を放棄して主権を内地に限り、軍事に頼らない通商国家を目指すことを提唱した。

＊2　一八四〇年から二年間、イギリスと清との間で発生。イギリスのアヘン密貿易に対して清はアヘン取締りを強化し、イギリス商船のアヘンを没収。イギリスは天津に艦隊を派遣して清を屈服させ、多額の賠償金や香港割譲などを認めさせる南京条約を結ぶ。

ときにすでに軍事大国への道を歩み始めていたと思います。

天皇制は急造国家の知恵

――半藤さんが高く評価する勝海舟のような人が明治国家の中軸にいたら、と思うことはありますか。

そうは思いますが、これは年代というのがあるんです。明治になったときには勝海舟はもう五十歳に近くて、明治政府をつくった大久保利通や伊藤博文らは、みな四十代の初めか三十代のところですから、十年の差というのは大きいのではないでしょうか。

勝海舟という人は大久保利通ともう少し仲よくなればよかったと思いますが、困ったことに、やはりあの人は最後の侍なんですね。伊藤博文や山縣有朋は侍ではありませんから。勝海舟は侍であったばかりに、つまり真の意味での政治家ではなかったから、裏で術策を弄するやつを許せなかったんじゃないかな。

何といっても勝が褒めているのは西郷さんで、西郷さんのどこがいいのかというと、とにかく誠実なんだと。あの人の誠実さは百人に一人、千人に一人の誠実さだといっています。人間は誠実さがなければだめだというんです。これは侍の誇りなんでしょうね。だから、裏に回ってこそこそやったりするのは、勝は許せなかった。権謀術数は政治の常、大久保さんはそれを平気でやっていましたからね。

大久保という人はおもしろい人で、島津斉彬[*1]にはあまり好かれてなかったけれども、囲碁が好きな久光に取り入るために下手な碁を一所懸命習って、とにかく久光にとり入り、彼のいうことは何でも引き受けた。西郷さんは主君だろうとぶつかっていますけどね。けれども、大久保さんという人はそういうところはない、分を守りつつ上の権力を利用しつつ自分の力を出す、すごい人だと思いますね。

大久保は新しい国家の設計図を持っていたという人が多いけれども、さてどうでしょうかね。ただ、少なくとも天皇を中心とする国家をつくるなどということは考えてなかったでしょう。このあたりはちょっとおもしろい問題だけどね。天皇を機軸とする国家をつくるというのは、本当にだれが考えたんだろう。

――近代日本にとって天皇制という選択はよかったんでしょうか。

天皇制という言葉は左翼の言葉ですので、よろしくないという人もいますが、天皇を機軸とする官僚国家というものをつくって、少なくとも国民の意思統一の支柱にしたいというのは、急いで国づくりをする場合の非常な知恵であって、それは成功したと思います。

＊1　幕末の薩摩藩主。藩の富国強兵を進めたほか、西郷隆盛、大久保利通などの人材を登用し名君といわれたが、維新の前に急死した。

その方法の一つは、天皇家のお祭りを全部国民におろすということでした。天皇家が宮城（皇居）の中でひそかにやっていたお祭りを全部国民におろしてきた。四方拝《しほうはい》、紀元節、神嘗祭《かんなめさい》、新嘗祭《にいなめさい》[*2]などです。そういうお祭りは恐らく江戸期の国民の中になかったと思いますが、それを全部そのまま民衆の生活の中にまで持ってきて、その都度、天皇と一緒になってお祭りをするわけです。お祭りほど国民の気持ちが一つになるものはない。だから、お祭りによって国家作りをしていったというのは、実にうまい知恵ですね。

そして、さらにそこに何を持ってきたかというと「天皇陛下万歳」とか「忠君愛国」という合い言葉で、ちょうちん行列、旗行列も全部そうです。天皇陛下万歳というのは、明治二十二年に帝国憲法ができたときに東京帝国大学の先生が考えて、帝大の学生たちが宮城前でやったのが本邦初なんです。

天皇が憲法発布のお祝いの会のため皇居の坂下門から出てくるときに、東京帝大の学生がズラーッと並んで、天皇の馬車が前に来たときに一斉に「万歳、万歳、万々歳」とやるはずだった。ところが、一斉にワーッとやったものだから、馬がヒヒーンと跳び上がってしまった。だから一回でやめてしまったという話が残っています。このときにのちに首相になった若槻礼次郎が東京帝国大学の学生で、そこに参加しているんです。若槻さんの回顧録に出てきます。

一方、夏目漱石は国家というのはこれではいかん、こんな形で国家をつくっていくのは間違っていると考えていて、この万歳ということが大嫌いでした。嫌で嫌で、生涯において三回しかやらなかったそうです。本当にそうであったかどうか。とにかく弟子の芥川龍之介が漱石の言葉として書いています。

この三回がいつなのかということを芥川は漱石から聞いていないのでわからない。それで、わたくしは調べて二つ見つけました。明治四十一年十一月、上田敏が外国留学するというので送別会があったときに漱石は万歳をやらされて、そのときに嫌々やったのが一回。もう一回は日露戦争の乃木将軍の凱旋のときに万歳と叫ぼうとしたが、のどから声が出なかったということのようです。

いずれにしても、そういう形で天皇家の行事を国民におろしてきて、みなでお祝いをするという形をとって国家の機軸にして運営していったのは、なかなかの知恵でしたね。国家がばらばらにならないためには、もってこいだった。それまで、国民はまだ天皇というのが何者かわかっていなかったのに、だんだん近しい存在になってきた。

それに早いとこ天皇を政治の中心の東京にもってきたのもよかった。

＊2　四方拝は元日の早朝、天皇が国家の安寧や豊作などを祈る儀式。紀元節は二月十一日が神武天皇の即位日として、一八七三年（明治六年）に祝日に定められた。現在の建国記念日。神嘗祭は十月十七日、新嘗祭は十一月二十三日に宮中三殿などで行われる新穀を祝う神事。新嘗祭以外の儀式の多くは明治になって復活した。

若者の歴史観が心配

――昭和が終わって二十年が過ぎました。いま昭和史を語る意義はなんでしょうか。

歴史は繰り返すといいますが、まったく同じように繰り返すということはないと思います。条件や環境が違います。ただ、歴史は人間がつくっていくものですから、人間が変わっていかない限りは同じようなことを繰り返す可能性がいくらでもある。そういうふうに見ますと、次から次へと選択を誤って国家の進路を窮屈な、おかしなものにし、国家そのものをガタガタにしながら世界を相手に戦争をした昭和史というものをもう一度丁寧に学ぶことが大切ではないかと思います。

歴史を学ぶということは年号をただ覚えるというようなことではないんですね。歴史というのはあくまで人間がつくるものです。日本人とはどういうものなのか、危機に直面したときにどういう選択をするのか、どういうものの考え方をするかなどが昭和史から見えてくるんです。

そういう事例、教訓は昭和史の中に山ほど転がっていると思います。だから、わたくしは昭和史を学びなさいと盛んにいうんです。幸いなことに最近はいくぶん懐古的ではありますが昭和史ブームのような風潮もあり、あまり叫ばなくてもいいようです。でも、若い人たちは歴史を知りませんね。

――ベストセラーになった『昭和史』を書かれた経緯を教えてください。

十六、七年前のことです。頼まれてある女子大で昭和史の講義をしたことがあります。そのときに学生にアンケートをしまして、いろいろなことを聞きました。一つは「ヒトラー」と書いて、これが何者かを書きなさいと聞いた。これは結構書ける学生が多かったんです。

あとで学生たちとビールを飲みながら、なぜよく知っていたか聞いたところ、理由のひとつは『アンネの日記』でした。もうひとつは映画の『シンドラーのリスト』、そして手塚治虫の『アドルフに告ぐ』[*1]という漫画。この三つでヒトラーとは何者かがわかるという。とくに第二次世界大戦史を勉強したわけではないんですが、五十人ほどの学生のうち、四十五人くらいが何とか答えたんですね。

それからその同じ五十人の学生に、第二次世界大戦で日本と戦わなかった国はどこかというアンケートもやった。(イ)アメリカ　(ロ)ドイツ　(ハ)ソ連　(ニ)オーストラリアというように質問を出した。そうしたら、アメリカにマルをした学生が五十人中十二、三人いた。正

＊１　一九八〇年代に描かれた第二次世界大戦を舞台にした歴史漫画。ヒトラーのほか、アドルフという名を持つドイツ人、ユダヤ人少年二人が戦争に翻弄される物語。

解はドイツですが、これが十二、三人。オーストラリアにマルをしたのも相当いた。「オーストラリアならまだしも、アメリカにマルをするとはいくらなんでも君たち」というと、一人手を挙げたのがいました。そして「どっちが勝ったんですか？」と聞く。これには参りましたね。これではこの国の将来は困ったもんだぞ、と思いました。この人たちはたぶん今は母親になっている歳でしょう。それが子供たちにとんでもないことを教えるんじゃないかと心配です。

そういうことを平凡社の編集者に話したら、「実はわたしたちは学校で日本の近代史を全然習っていないんです」という。それで雑誌の編集者というのはそれぐらい知っておいた方がいいのではないか、ということで講義を始めたんです。やさしく、楽しく語って、そして『昭和史』ができた。

論文とか学術書ではなく、物語としての歴史語りです。歴史とはもともと物語なんですからね。これを読んで「初めて昭和史がわかりました」という日本人が山ほど出てきた。これにはさすがにおったまげましたよ。まだこんな状態なのかと。

歴史を知るということは何も物知りになることではなくて、日本人というものはどういうものであるかを知ることなんです。「人間学」です。日本人はもう少し昭和史というものを丁寧に学んだ方がいいのではないかと思いますね。

——近代史に無知な層が増えるということは、とくにアジアとの関係では困ったことだといえますね。

一方的に仕込まれた歴史観を語る人がいます。日本が戦争を起こしたのはアジア解放のためであるとか、大東亜共栄圏を作るためであったという人が結構いるんですね。それとソ連やアメリカの陰謀説です。スターリンとルーズベルトの二人に見事にしてやられたんだと。そういう人はまた信念が強いんで困ります（笑）。

日露戦争に勝って、そのあとに日本人の頭の中にあるアジアというものが吹っ飛んじゃうんですね。「脱亜入欧」という言葉があるように、相手にすべきは欧米諸国となった。日露戦争の前はアジアから山ほど留学生が日本に来ているんです。それが日露戦争が終わって明治四十年（一九〇七年）には、二年前に公布されていた留学生規則[*1]をぐんぐん強化し、狭く厳しいものとし、留学生をどんどん追い出しにかかるんです。アジアというものを非常に軽蔑し始めるのが日露戦争後ですね。そういうふうに見ますと、日本の近代史というのはアジアとの関係をどんどん失っていくものだったということをわたしたちは理解しなきゃいけません。脱亜云々ということが盛んにいわれましたからね。

＊１　日本政府は日露戦争直後の一九〇五年（明治三十八年）十一月、「清国留学生取締規則」を公布。革命運動に関与している留学生の取締りを清朝政府が依頼したことへの対応。「日本に学べ」という中国人留学生に失望を与えた。

日本人の心に生き続ける攘夷の精神

――このところ日本社会に偏狭なナショナリズムが目立ってきていますね。

昭和史を例にとっても、日本人というのは危機に直面すると奇妙に、ふたたび攘夷の精神というものが湧き出てくるんですね。近代日本のスタートのときに攘夷というのは日本人の根底的なイデオロギーでした。これはありとあらゆる層がそうでした。のちに開明的になった坂本龍馬でさえ、はじめは攘夷の志士ですからね。最初から攘夷を離れて、日本の国全体のことを思えば開国しかないと考えた人は勝海舟くらいしかいなかったと思いますよ。それぐらい攘夷の精神が強かった。

ところが英国艦隊に長州、薩摩が負けて、「とりあえず開国はしょうがない。いずれ勝つための開国だ」ということになった。西郷隆盛だろうが桂小五郎だろうが当時の薩長の指導者は、開国に変わった瞬間に「いままでいっていたことと違うじゃないか」といわれて、「いずれ攘夷をするための開国だ」といって志士たちを納得させた。

じゃあその後に攘夷の精神はどこへいったかというと、これは消えたわけではないんです。日本人の心の中には常に攘夷の精神が生き続けたと思いますよ。太平洋戦争が始まった一九四一年十二月八日の日本のインテリゲンチャ、文学者その他の人たちの書いたものを見るとみんなそうですよ。いちばん典型的なのは亀井勝一郎[*1]です。「これこそペリー以来の日本人の攘夷の精神をまさに発揮したとき」と書いている。

危機に臨んだときに日本人は攘夷の精神というものを表に出すんですね。相当開明的だとみられている人でさえ、何かあると出しますよ。ずいぶん前の話ですが、大相撲で小錦が強くてやがて横綱になろうかというとき、日本中に「断固許さず」という世論が巻き起こりましたね。まさに攘夷の精神でした。たいした話じゃないのにムキになる。何か追い詰められたようになったときは攘夷の精神がムクムクと頭をもたげてくるんですね。

――バブル崩壊後にも出ましたね。

ハゲタカが来るとか、同じような反応を起こすんですね。こういう事例は昭和史の中にいくらでも出てくる。そのときに判断を誤るんです。いまはネット上のナショナリズムがすごいそうですね。わたくしはネットをやらないのでよく知りませんが。ノモンハンでは日本は負けていないという人がいて、「日本が負けたと書いているのは司馬遼太郎と五味川純平[*2]と半藤の三人である。これはけしからん」と。「司馬と五味川は死んでいるが、半藤はまだ生きているので断固膺懲《ようちょう》すべきだ」といわれている（笑）。

＊1　文芸評論家（一九〇七―六六）。『人生論』『幸福論』などを著す。
＊2　小説家（一九一六―九五）。『人間の条件』『ノモンハン』『ガダルカナル』など多くの戦争文学作品を残した。

──今の反中エネルギーも攘夷の一種でしょうか。

中国がこれほど大躍進しなければそれほどでもなかったでしょう。中国は日本の国家始まって以来先生でしたからね。やはりコンプレックスはずっと持ち続けていたのではないですか。それが日本より強国になった。そうなって、幕末の西欧列強に対する恐怖と同じように恐怖を持つようになった。

日露戦争に勝ったけれど、ロシアにすぐ革命が起きて、五ヵ年計画などでどんどん躍進しました。新しい国家ソ連に対する恐怖心というのがものすごく強くあった。日本陸軍は対ソ恐怖症でピリピリしていました。本来日本人は自分の国の力がそんなにないということを承知していると思うんだけれど、それを認めたくないところがあるんですね。

──国民性として我慢に我慢を重ねたあげく、臨界点を超えると爆発するところがありますね。昔の東映の任侠映画みたいに。

その繰り返しですね。ずっと我慢している間の判断の誤りが多いですよ。昭和史で典型的なのは国際連盟脱退[*1]です。脱退したらどうしようもなくなる、日本のいい分が国際社会に伝わらなくなるということは冷静に考えればわかるのですが、もう許せないんですね。とどまって日本の立場を懸命に訴えるという方法があるんです。ところが「そんなのは愚の骨頂である」という。「国際連盟などクソ喰らえ」「いまこそ日本は独自の道を歩むべきだ」とダーッといくわけです。

——ここ数年頻発している通り魔事件や「切れる」若者は国民性と関係があるでしょうか。

日本人は農耕民族なんですね。農耕民族というのは一定の場所にいて、同じことを繰り返している民族のことです。自然の動きに一喜一憂している民族なんですが、それがいまどんどん騎馬民族というか狩猟民族に鞍替えするのかいな、と思うことがあります。弱肉強食が当然と思うようになった。農耕民族的な資質を日本人はずっと持っているんですが、これが嫌になってきているみたいですね。

以前は大家族主義でお互い救ったり救われたりしていた。だれかが助けてくれるという形で日本人の生活は成り立っていた。昭和の時代はそうですよね。秋葉原の通り魔事件[*2]の犯人のように、ああいう絶望的な考え方にはならなかった。あの犯人は全国各地を転々としていたというから、狩猟民族ですよ。貧困、格差の問題の根もこういうところにあるかもしれませんね。

＊1　一九三一年の満州事変をめぐり、中国への満州返還を求めたリットン報告書が三三年の国際連盟総会で賛成多数で可決。日本はこれを不服として脱退した。

＊2　二〇〇八年六月八日、東京・秋葉原で発生、七人が死亡した。犯行は各地を転々としていた元派遣社員の男によるもので、動機は「世の中が嫌になった。殺すのはだれでもよかった」というものだった。

集団催眠の怖さ

――戦争の反省として、国民的熱狂を防がなければならないとおっしゃっています。しかし、現実はワンフレーズで選挙の行方が決するなど、世論の振幅の度合いは激しくなっています。

「熱狂」というと、ときどき文句をいう人がいるんです。太平洋戦争、日中戦争、三国同盟のときでも日本人はそんなに熱狂してなかったと。そういえば毎日デモが起きるような熱狂の仕方はなかった。

だから少々訂正して「熱狂の前に集団催眠にかかるような状況の中で」という言葉を付け加えようと思うんです。集団催眠にかかるということはどういうことかというと、みな同じ方向を向いて動き出すということです。

日中戦争の際、新聞があおった結果、国民は「暴《ぼう》支《し》膺懲《ようちょう》*1。日本が正しくて中国が悪い。断固膺懲すべし」という考え方にサーッと流れていった。国際連盟脱退のときも新聞があおった。国民は「何が国際連盟だ」ということで流された。スローガンは「栄光ある孤立」です。というふうに見ると集団催眠と考えた方がいいんじゃないでしょうか。さながら催眠術にかかったように、同じことを考え、同じ方向にしか目を向けなくなる。

戦争末期、「ソ連は決して攻めてこない。中立条約[*2]がある。攻めてこないであろう、いや攻めてこないに違いない」と。攻めてこられると困るので、攻めてこないであろうと思い込む。みな自分の都合のいい方に結論を出す。太平洋戦争でガダルカナルに敵が上陸した。「これは偵察上陸であって本格的な反攻ではない」と。反攻であるはずがない、反攻は来年の春だとみなが思っているうちに、偵察上陸だと確信しちゃうんですね。

そういうことが山ほどある。ミッドウェー海戦のときもそうです。南雲機動部隊は「敵航空母艦は出てこないに違いない、出てくるはずはない。いや、ゼッタイに出てこない」という考えで司令部の頭が染まっていった。[*3] そうなったら新しい情報が入ってきても受け付けない。これは集団催眠です。それで一緒になってワーッと流れていくから熱狂になる。それ以外のことはいっさい認めなくなる。昭和史の中の大教訓としてこういうことがたくさんあります。

＊1　日中戦争時の日本のスローガン。暴虐な支那を懲らしめようという意味。

＊2　一九四一年に日本とソ連の間で相互不可侵などを定めた。有効期間は五年。四五年四月にソ連は条約延長をしないという通告。同年八月九日に満州へ侵攻した。

＊3　ミッドウェー海戦時は真珠湾攻撃で米国太平洋艦隊が被った被害により日本側の戦力が圧倒的に勝っていた。このことによる油断と偵察の不備によって敵空母の進出位置を見誤り、日本機動部隊は米国側の奇襲を受けて空母四隻を失う大敗北を喫する。

ワンフレーズに騙されるな

戦後の日本は戦争の教訓もあるので、集団催眠のようなことは起きないのではないかと思っていましたが、「いやそうでもないぞ」と思ったのは一九九四年の松本サリン事件ですね。

河野義行さんが怪しいとされて、あのときの警察、新聞、テレビ、雑誌も一般国民もみんな河野さんが犯人だと思い込みました。河野さんの家を調べたら、どう考えたってあの家にある器具などでサリンができるわけがない。そういう情報が出てきても変わらなかった。犯人だと思い込んだ。わが日本の国民性として往々にして一方的な考え方でサーッと同じ方向に顔を向ける。あれを見て、戦後日本人もあまり変わっていないなと思いましたね。

忘れもしない、小泉純一郎元首相の「郵政選挙」なんて例として挙げてもいいと思いますよ。日本の将来をどうするかということはいっさい抜きにして、郵政だけで選挙をする。あれを見ていて同じだと思いました。

小泉さんがイラク戦争への参加を決めましたね。自衛隊を派遣した。あのときに反対を唱えたばっかりに、わたくしはいつのまにか左翼のレッテルを貼られましたが、冷静に見ると、あんなワンフレーズでワッショイワッショイと走っていくような問題じゃないんですよ。日本人はアメリカ追従としての自衛隊派遣が何を生み出すかということをもう少し考えなきゃいけない。あれは選択を誤りましたよ。

ヒトラーの演説はワンフレーズの繰り返しなんです。しかも作戦的によく勉強していて、夕方にやる。夕方は聴衆の気持ちがものすごく高ぶっているそうです。ですからちょっと押すとたちまち興奮するんです。そこでワンフレーズで繰り返す。それで成功した。ワンフレーズ政治家の元祖はヒトラーといってもいい。何度も同じことを繰り返す。むずかしいことは全然いわない。

小泉さんが「米百俵[*1]」を持ち出して「痛みを分かち合うんだ」といったとき、「おい、それは違うよ」と思ったんですが、結局それだけの話になっちゃった。小泉さんは米百俵の話を丁寧に読んだかというと、映画しか見たことがないらしいですね。うまい言葉を見つけ出してきた。それを間違って使っても何となく説得力がある。ですから国民は一語一語についてもう少し本当の意味はどうだったのか、ということを検討しなきゃいけないですね。

＊1　戊辰戦争で敗れて困窮する越後・長岡藩が、贈られた米百俵をそのまま消費せず、学校設立の費用にあてた。国づくりのための教育の重要さ、将来のための基盤を築く人材育成の大切さを教える故事となった。山本有三の戯曲が有名。

――いちいち立ち止まって考えることができないスピードの社会になってきています。

でもやっぱり立ち止まらなきゃいけないですね。一緒になって流されていけば昭和と同じですよ。あの時代はみんなしてさっき言った「栄光ある孤立」というワンフレーズでいい気になった。たくさんあります、あの時代のワンフレーズは。「八紘一宇《はっこういちう》」「暴支膺懲」もそうですが、そういう言葉でもってどんどんと進んでいく。「五族協和」「王道楽土」「国体明徴《こくたいめいちょう》」「一億一心」「七生報国《しちしょうほうこく》」「本土決戦」……いっぱいあります。「月月火水木金金」もそうですが、最後には「鬼畜米英」でしょう。ほんとにワンフレーズですよ。「欲しがりません勝つまでは」とか、「贅沢は敵だ」とか。これは間に「素」を入れて「贅沢は素敵だ」とした方がいい、とからかわれたこともありますが。

でも戦争中のあのワンフレーズは本当に効果的でしたね。パーマネントは贅沢だということで、わたくしら悪ガキが「パーマネントはやめましょう、パーマネントをかけすぎて、みるみるうちにハゲ頭」なんていって、パーマの女の人を囲んではやしたてたことがありましたよ。そういう時代がありました。だから立ち止まって、「本当の意味はどうなんだ」と考えることはいつの時代でも必要なんです。

今でも覚えているのは、

「自分は死ぬまで絶対という言葉は使わないぞ」

と思ったことです。

「絶対日本は勝つ」

「絶対自分の家は焼けない」

「絶対自分は人を殺さない」

「絶対日本は正しい」

というが、絶対なんてない、と。

第2章 ◎ わたくしの戦争体験

下町の悪ガキ時代

――生い立ちについて語ってください。

わたくしは昭和五年（一九三〇年）の五月に東京の向島区に生まれました。当時は東京府下の田舎で、生まれたときは東京府南葛飾郡大畑村字吾嬬《あづま》だったかな。二年後の昭和七年に東京市の十五区が三十五区に拡大しまして、そのときに向島区になった。現在の墨田区です。このときから東京市民になったんです。

当時、街の形はできあがっておりまして、商店街もありました。わたくしは三輪里稲荷神社という江戸時代からある神社の境内の前で生まれました。ここは「こんにゃく稲荷」と呼ばれていました。この神社では年の初めの初午の日にこんにゃくを売り出していまして、それを食べると風邪を引かないといわれていました。今もあります。そこの境内が悪ガキ時代の「城下町」でした。まわりはたくさん蓮華の原っぱがあり、子供が遊ぶにはもってこいでしたね。ただ、海よりも低い土地なので、大雨が降るとたちまち水につかっていました。

おやじが新潟県古志郡石津村岩野の出身で、母親が茨城県下妻在の出身です。二人で結婚して東京に出てきて川向うに居を定め、わたくしが生まれました。たんなる悪ガキです。

小学校の同級生は商店街の息子、娘ばかりでした。米屋の娘、豆腐屋の息子、酒屋の娘などなど。当時、向島はどんどん発展し、人口も増えていました。新しい小学校を建てたばかりだったので、珍しく男女共学なんです。小学校は大畑小学校です。いまはなくなりました。戦争で焼けて廃校になっちゃった。

本当に悪ガキでね。昭和十八年の六年生のときでしたか、戦時中ですから鉄など金属が全部供出になりました。それで、学校に立っていた二宮金次郎*1の銅像がいよいよお国のために供出されることになった。悪ガキ仲間で銅像を見上げて「この金公が薪を担いで勉強するなんて余計なことをするから、これを見習えなんてさんざん説教されてひでえ目に遭ったんだなあ。ところであいつ何読んでるんだろう」ということになった。

悪ガキが四、五人でよじ登って見てみたら、わたくしの学校のは「忠孝」と書いてありました。ほかの学校の銅像もみな見ようじゃないかということになって、向島区の学校の銅像にかたっぱしからよじ登ってみた。白紙のものや論語らしき字がたくさん書いてあるのもあった。それが五つ目の小学校でつかまりまして、「何をするか貴様たちは!」といって、そこの校長がわたくしの学校の校長に厳重抗議をしたんです。

翌朝学校に行ったら、すぐに校長室に来いといわれて、朝からがんがん説教されました。立ったままで、二時間以上たってもやめないんですよ。途中、校長に電話で呼び出しがあり、やっと一息つけました。「ああ疲れた」とみなで校長の応接室の椅子に座って、お茶を飲んでいた。そこに校長が戻ってきた。いや怒ったのなんの。当り前ですよね。「退学だ！」なんていうから、わたくしが「小学校は義務教育だから退学はないと思います」と口答えしたら、また怒ってね。というような悪童でした。

中学は府立第七中学校です。現在の墨田川高校ですね。二年生だった昭和十九年の十二月ごろには勤労動員[*2]です。十二月から授業がなくなりまして、向島区にあった大日本兵器産業という軍需工場に行きました。ここは海軍の工場で、ゼロ戦の二〇ミリ機関銃の弾を作っていました。大学生が旋盤を回して弾を作って、わたしら中学生は検査に回された。弾の溝が正しく出来ているかとか、幅がちゃんとできているかを検査する。同じ機械で作っているのにずいぶんお釈迦がでましたね。毎日検査でした。そのうちに空襲が始まったんですよ。

空襲が始まっても外へ逃げずに、工場の隅の防空壕に待避するだけで作業はやめません

＊1　江戸後期に農村復興策を指導した農政家。戦前、修身の教科書で勤勉、倹約の象徴として取り上げられ、全国の多くの小学校で薪を担いで本を読みながら歩く姿の銅像が建てられた。

＊2　一九三八年の国家総動員法により、国の人的資源のすべてを政府が統制運用できるようになった。四四年からは学徒動員令により中学生以上の全生徒が軍需工場などで労働に従事させられた。工場の空襲で亡くなった生徒も多い。

でした。わたくしたちの二年上の女学生も動員されてきていまして、その女学生たちに検査の仕方を教わったんです。二年上の女学生に上野さんという人がいまして、その人にかわいがられましてね。あの戦争の激しい時期に恋愛ごっこです。彼女にすればお姉さんのつもりだったんでしょう。工場の隅で人目につかないところでね。変なことをしてたわけじゃなく、単に話をしただけなんですがね。

それを年上の物理学校（現東京理科大学）の学生に見つけられました。おっさんみたいな学生だったなあ。こいつに「この非常時に非国民め！」といわれてボカボカ殴られました。それでも懲りずに工場の中で上野さんに会っていました、同級生たちが応援してくれたんです。「あの娘と会っている間、おれが仕事を代わりにやってやる」とかね。「軍国少年でしたか」と聞かれると、そうでもなかったといわざるを得ない。

地獄図だった東京大空襲

昭和十九年の七月十九日に「学徒勤労の徹底強化に関する件」ができ、これを受けて八月には天皇の命令である勅令「学徒動員令」が発布され、「十五歳以上は戦士」ということになったんです。わたくしは昭和五年生まれなので数えで十五歳でした。軍需工場に動員され、いざというときは鉄砲もって戦うわけですから、疎開はしなかったんです。昭和六年生まれ以降は「戦士」じゃないから疎開していたんですよ。たった一年でずいぶんな違いでした。

そうやって機銃の弾を作っていたんですが、超高空から空襲の爆弾が工場に命中しましたよ。二発も三発も。よくあんな高いところから命中するなと思うくらい。軍需工場は並んで建っていたんですが、ちゃんとパンパンパンパンと順番に当たっていった。そのとき工場の中で死んだ人もいたようです。

上空で迎撃した日本の戦闘機がB29に体当たりするのも見ました。そのうちにカーチス・ルメイ将軍*1がヨーロッパ戦線からこっちに来て、夜間の焼夷弾による絨毯《じゅうたん》爆撃を計画しました。軍需工場だけを狙って爆弾を落としているんじゃあ効率が悪いということで、夜間低空で入ってきて爆撃するようになる。その最初が昭和二十年三月十日の東京大空襲なんですね。それに巻き込まれたわけです。

あの空襲は……いま考えてもアメリカというのは非情な国だなと思いますよ。あの夜は北風が猛烈に吹いていました。はっきり覚えているんですが、空襲警報が鳴って表に出た

＊1　日本本土爆撃の司令官に就任後、軍事施設を狙った高高度からの精密爆撃の成果がはかばかしくないとして、低空から住宅街を含めた地域を爆撃、焦土化する無差別戦略爆撃を立案。戦後は米空軍参謀総長を務める。

ときは焼夷弾が深川の方に、つまりわたくしの家から見て南の方にすごい勢いで落とされてバーッと燃え出していた。わたくしの住んでいた向島区は下町の北の方でした。最初は火事見物でした。そのうち東の方の浅草に焼夷弾がバーッと落ちて燃え出しまして、それから西の方に落ちて、つまり東西南と周りが燃え出した。猛火に囲まれた。

そうやっておいていちばん北の方の、わたくしの家の真上にB29が一機飛んできました。間近に見ると、それがものすごく大きく見えた。頭の上を通過したなと思ったら、バーンと焼夷弾がはねましてね。周りに豪雨のように落ちてきました。それまで「焼夷弾の火は消せるんだ」といわれていたから、真面目に消火活動をしていた。馬鹿ですね。うちのおやじなんかは「消せるなんてことありえないから、すぐ逃げろ」といっていたんですが。

そうするうちにおやじはいつの間にか逃げていなくなっちゃった。母親と弟と妹は茨城の下妻の母親の生家に疎開していましたから、家にはおやじとわたくし、そしてお手伝いの雪江さんという女性がいました。わたくしは真面目に近所の人と火を消していたんですよ。ところが消せるなんてものじゃない。周りが火の海になって、自分の家も燃え出してきた。

「これはもうだめだ、逃げよう」と思ったら、北風が吹きまくっている上に、火が風をよんで、大きな火の粉がぼんぼん飛んできてすごかったですね。その火を突っ切っていけば荒川の土手があるんですよ。突っ切れば助かると思うんですが、とても突っ切れるものじゃなかった。本当に地面に叩きつけるように火と煙がワーッときますからね。「とても行けるもんじゃない、だめだ」ということで、強風を背にして南の方に逃げ出した。はるか南の方は火の海で、向こうから逃げてくる人がたくさんいました。向こうから来た人は「こっちはだめだ、だめだ」といい、こちら側も「だめだ」という。だんだん火が迫ってくるから、結局押されながら南の方へ向かって行きました。

途中に中居堀という十字路がありまして、東と西に道が分かれている。西へ行くと隅田川で、東に行くと中川です。わたくしは東の中川の方角へ行った。東に向かった理由はとくにないんです。あとで聞いたら、西の方に行った人は隅田川でずいぶん死んだそうです。

わたくしの家が焼夷弾の攻撃を受けたのが午前零時半ごろだと思うのですが、中川の川の淵まで行ったのが一時半ごろだったかな。たくさんの人が避難して集まってきていました。川に平井橋という橋がかかっていて、そのたもとが原っぱになっていましてね。そこに山ほど人が集まっている。火がすぐに来なかったもんだから、「ああ、これで助かるのか」と思った。

そうしたら午前三時ごろだったでしょうか、空襲警報解除のサイレンが鳴った。これで助かると思っていたら、とんでもない。ダーッと四方から火が押し寄せてきた。橋を渡って逃げていく人もいたけれど、不思議なもので、橋の向こう側も火の海のように見えた。実は燃えてなかったんです。でも行き場がないように見えたから、川の中へドボンと飛び込む人もいる。押されて飛び込みたくないのに落ちる人もいる。

わたくしは橋の上でどうしようかなと立ちすくんでいたら、向こう岸の人が船を出してくれて、その船に橋げたを伝わってひょいと乗ったんです。「来い、来い」っていうから。それでひと安心と思ったら、船の上から川の中でアップアップしている人を助けている。わたくしも手を出して二人ぐらい助けましたよ。三人目は太った女性でした。この人に手を出したら、肩のあたりをつかまれて、そのままストーンと一緒に川の中に落っこっちゃった。

水の中では人がたくさんいて、お互いに引っ張り合って、ごろごろしている。真っ暗で水面がどっちだかわからないんですよ。よく背の立つような浅瀬でおぼれる人がいますが、あれは水面がわからない状態になるんだと思いますよ。

人が引っ張るしつかまるし、そのうちがぶがぶと水を飲んだ。ちょっとくらくらしたところで、履いていた長靴がストンと脱げてゆらゆらと底の方に落ちていった。それで川底と川面の方向がわかった。つかまる人を振り払って川面に上がっていきました。そして水面にポコンと首が出た。ちょうどそこに先に乗ったのとは別の船がいて、首根っこをつかんで引き上げてくれた。

助かったんですが、寒かったですよ。服は濡れているし、北風はすごいし。周りは阿鼻叫喚の状態です。わたくしが逃げてきた向島側の川岸にはたくさんの人が取り残されていました。子供を抱いた女の人がいて、こちらは「飛び込め、飛び込め」と叫ぶけど飛び込めなくて、その上に火がかぶさってきた。女の人の体が、かんなクズが燃えるようにパーッと燃えた。髪の毛なんかすごい勢いで燃えますね。それを船の上で呆然と見ていました。

たくさんの人が焼け死んで、水死も多かった。多くの人が川を流されていきました。それで夜が明けてきて、火もだいぶ収まって、陸へ上がったけれどびしょ濡れでね。ただ、たくさん火はあるので、あぶって乾かした。しかし、靴がないんですよ。焼け跡というのは靴なしでは危なくて歩けない。そしたらどこかの人が「これ履きなよ」といって、靴をくれた。ブカブカでしたが、それを履いて家へ帰りました。

途中、山ほどの人が死んでいました。坂口安吾さんの表現を借りれば、焼鳥みたいに死んでいたという感じでしょうけど。[*1] 無感覚でした。いま思えばどうしてかなというくらい。ほんとうにたくさんの人が転がっているんですね。重なるようにして。逃げていってどこかで固まっているところに火がくると全部やられちゃうんです。防空壕なんてまったく安全じゃない。火は防空壕の中に来ないなんて思ったら大間違いで、たちまち入ってきます

＊1　坂口安吾が戦後発表した小説『白痴』に「人間が焼鳥と同じようにあっちこっちに死んでいる」という空襲の焼け跡の描写がある。

からね。

そうそう、逃げている途中で、わたくしの背中が燃えたんですよ。学生服を着た上に綿入れのちゃんちゃんこを着ていました。その上に教科書や漫画本なんかを入れた学校鞄をタスキがけで背負ってたら、「坊や、背中が燃えてるよ」とだれかがいう。カチカチ山のタヌキみたいになっていた。しょうがないから鞄を捨てて、ちゃんちゃんこを脱いで身軽になった。身軽になったからよかった。鞄をしょってたら川で危なかった。背中に火がついたのでかえって助かったと思っています。

朝九時ごろ、家に帰りました。おやじはわたくしが死んだものと思っていたらしいですね。見ると、家の焼け跡にはまっ白い雪みたいなのがふわふわと載っているんです。何だろうと思って足で踏んでみると、パーッと散るんです。畳の灰なんですね。それが印象的でした。しばらくして近所の人が「お父さん無事だよ。お父さん探してたよ」と知らせてくれた。呆然と立っていたら、おやじが来まして「生きてたか」と。おやじは荒川の土手の上に自転車で逃げていたらしいです。

おやじは運送業と石灰を売っていた商人なんですが、区会議員と町会長、防空団長をやっていました。結構忙しかったんですね。近所の人に「家が焼けた」という証明書を出さなけりゃいけなかったし、死んだ人の確認書作りなどで駆け回ってました。

わたくしはしばらくボーッと立っていました。何も考えませんでした。今でも覚えているのは一つだけ、「自分は死ぬまで絶対という言葉は使わないぞ」と思ったことです。「絶対日本は勝つ」「絶対自分の家は焼けない」「絶対自分は人を殺さない」「絶対日本は正しい」とかいうが、絶対なんてない、と。「焼けるときは焼けるんだ」「助かりたい一心で人も蹴飛ばしたんだ」という思いがありましたからね。それで絶対という言葉は生涯使わないぞ、と思った。現にいままで使っていないと思います。それがたった一つ、焼け跡に立って強く感じたことでしたね。

疎開先で聞いた玉音放送

おやじの残務整理が終わったあと、母親や妹たちのいる茨城におやじと一緒に行きました。茨城に行ったのは三月の十五日くらいかな。茨城の母の方ではわたくしとおやじが来ないので、死んでしまったのではないかと心配したようです。当時は電話など連絡手段がなかった。先に東京から引き上げてくる人がいるもんだから、わたくしたちがいたところは全滅と聞いていた。母は気が気じゃなかったでしょう。

十五日だったか、帰ったときは夕方でした。わたくしは工場が焼けて見舞金をもらいまして、それでボロ自転車を買ったんです。それでおやじと二人で東京から茨城の下妻まで自転車で行きました。わたくしの家に落ちた焼夷弾の筒を記念に持って行ったのを覚えています。それから茨城には七月の十日ごろまでいた。そこで下妻中学校に入りました。ここでもやっぱり毎日勤労動員ですけどね。日立の子会社の学校工場で昼夜働きました。授業は一度もなかった。

この時期、ほんとうに恐ろしかった思い出があります。母親の弟の叔父さんと二人で小貝川という川でうなぎ捕りの仕掛けをやりまして、それを朝早く上げに行った。大漁だったんで喜んで川の土手を歩いていると、P51という硫黄島から来た戦闘機が二機、上空をスーッと飛んで行ったんですよ。

「あら、敵の飛行機だよ」といったら、叔父さんが「おれたちなんか狙わないよ」と気にしない様子だったんですが、とんでもない。向こうに行った奴がくるっとこっちを向いた。わたくしたち当時の軍国少年は先生や警防団員に「飛行機が丸く見えたら弾が当たるから、前後に逃げないで左右に転がって逃げろ」と教えられていました。そうしたらこっちにやって来た飛行機がまん丸に見えた。「ひえーっ」と思った瞬間に腰を抜かしちゃった。

そうしたら撃ってきましたね。土煙がパッパッパッと突き立つんです。今思うと右横一メートルぐらいの距離だったようですが、当時は十センチぐらいのところに機銃掃射が走った感じでした。ほんとにおっかなかったですね。周りには隠れるところもない。向こうは遊び半分だったかもしれません。遠慮会釈なしに襲ってましたね。

近くに軍の飛行場がたくさんありましたから、艦載機が毎日のようにブンブン飛んでいました。そのうちに艦砲射撃が始まった。この艦砲射撃というのも不気味でしたね。海上でパーンと撃つ音が聞こえてきて、しばらくするとダダダーンと命中する音がする。それがひと晩中聞こえる。そうしたらおやじが「敵はこの九十九里浜に間違いなく上陸してくる。この戦争は一億玉砕といっているので、みな死ぬ覚悟をしなきゃいけないが、何も先に死ぬことはない」といって、越後へ行こうということになった。

いまは長岡市になっていますが、わたくしたちが移り住んだところは古志郡石津村岩野といいまして、来迎寺村から五キロほど信濃川の方へ歩いたところです。司馬遼太郎さんの『峠』[*1]では、河井継之助は前島というところから信濃川を渡って小千谷に行くのに、信濃川沿いの五辺、高梨、三仏生という土地を通ったと書いているんですが、その前に岩野があるのに飛ばされちゃった(笑)。岩野の次が五辺なんですね。「何で岩野を抜かしたんですか」と司馬さんに聞いたら、「そんな村あったかな」といったくらいの小さな村です。

それで長岡には十七、八日ごろに着いたんじゃないかな。七月の十八日ぐらいに転校届けを出して、長岡中学に入りました。あのころは親子六人いっぺんに切符を買えなくて、

＊1　幕末の北越戊辰戦争を戦った越後長岡藩の家老、河井継之助を主人公にした司馬遼太郎の歴史小説。

高崎までは買えたんです。高崎の在に母親の姉がいたので、そこに泊まって切符が買えるまで待った。ところが妹が囲炉裏で足に大やけどをしまして、動けなくなった。しょうがないからわたくしは一時地元の富岡中学に入った。学籍がなくなっちゃったらいけないというので。一週間ほど富岡中学に在籍しました。このときも勤労動員で、工場ではなくて百姓でした。

妹の具合も良くなったので、長岡へ行った。転校届けを出しに行った長岡中学で前の中学の名をいうと、「群馬県立富岡中学?　聞いたことないな」というんです。「富岡製糸場のあるところです」と説明しました。すると、「それは長岡中学より格が下だ。悪いが小千谷中学がいいよ」といわれた。仕方ないから小千谷中学に行ったら入れてくれたんです。家に帰ったらおやじが「何をいっとるか!　お前は東京府立のナンバースクールの中学生だぞ」と怒ってね。七中ですからね。おやじが小千谷へ行って学籍を取り戻して、長岡中学で厳重抗議をしたら入れてくれました。

このときは長岡中学が山本五十六元帥の母校だとは知りませんでした。入ってから、講堂に「常在戦場」[*1]という山本元帥揮毫の額がありましたので、「ああそうか」と思いました。長岡中学でも授業はなくて、また勤労動員でした。城岡の津上製作所です。昭和二十年八月一日の夜に長岡空襲がありましたが、わたくしたちは長岡から十四、五キロ離れたところに住んでいましたから、空襲そのものは受けませんでした。

長岡空襲のときは、正直いいますとわたくしもおやじも空襲慣れしていましたから、全然屁でもないんですね。おやじなんか屋根に上がって煙管を吹かして「おお、燃えてる燃えてる」なんていっていました。「おまえも上がって来い」というんで、二人で屋根の上で火事見物ですよ。でも、あの猛火の下で、オレが体験したと同じ悲惨が展開されているのだなと、胸に痛みは感じていました。

ところが村の人は慣れていませんから、空襲の場所からかなり離れているのに、今にもここに落ちるんじゃないかと戦々恐々なんですね。おやじが煙草を吸っているのを見て怒ってね。「目標になるじゃないか！」と怒鳴る人がいる。おやじは「こんな小さな村狙うわけねえよ。焼夷弾は高価なものなんだよ」と答えていました。

しかし、空襲というのは外から見るときれいに見えるんですね。たくさんの人が死んでるぞ、とは思いましたけども、遠くにいてはどうにもならないものです。翌朝、勤労動員ですから、いつもと同じように工場へ行きましたよ。鉄道も動いていましたから。津上製作所は無事でした。さて、働いたかどうか、記憶にありません。

空襲の現場はしっかり見ました。長岡中学がどうなったか見に行ったら、燃えていませ

＊1　いくさのないときも戦場にいる心構えで質実に暮らし、困苦窮乏に耐えよという長岡藩の藩是。

んでした。あとで聞きましたが、中学の生徒が飛んでいって必死の思いで消火したそうです。「だから残ったんだ」って、あとで同級生の連中はえばっていってましたけどね。新潟日報の常務になった原田君という同級生がいたんですが、彼なんかは孤児になってしまいました。彼が学校に火を消しに行っている間に家族は死んじゃった。そういう人がずいぶんいましたね。

空襲というのはどこでもそうですが、思いがけないところが残っているんですよ。東京の空襲でいうと深川や本所のあたりは全滅です。ところがわたくしのいた向島あたりはずいぶん建物が無傷で残りました。風向きの具合によっては残っちゃうんですね。いま下町情緒が残っていると有名になっている橘銀座なんかも、幸運にも焼け残ったところなんです。長岡も歩いていて、「あれっ、こんなところが残っているのか」と思う場所がずいぶんありました。町がそっくり残っているんです。長岡の繁華街の大手通りは全部焼けましたが、神田（長岡市中心部の北側）なんかは残っていた。ある一画だけがぽこんと残ったりしている。

長岡は空襲にやられましたが、戦争はまだ終わってないので、連日工場に行きました、終戦のその日まで。終戦の前日の夜、「あしたの正午に重大放送があります」というようなことをラジオが流しましたけれど、あまり気にしませんでしたね。負けるなんて思っていませんでしたから。「どうせ最後の一兵まで頑張れ」っていう激励に決まってると思っていました。いずれ敵を迎え撃って死ぬつもりになっていましたからね。

翌日工場で午前十一時五十八分くらいだったか、間際まで作業をしていました。そうしたら、正午から重大放送があるので、ラジオをしっかり聞くようにとアナウンスがあり、五十八分くらいにぴたっと機械が止まりました。そしてラジオを聞いた。

あのとき「ラジオの天皇の声がよく聞こえなかったんで、まだ戦争は続くと思った」という人がいますが、わたくしはすぐ「ああ負けたんだ」とわかりました。ポツダム宣言を受諾したといっている。ポツダム宣言というのは降伏条件を書いたものだということをおやじとも話していましたし、わたくしも新聞で見ていましたから、それを受諾したということは、戦争に負けたんだとすぐわかりました。

よく「負けたと思わなかった」という人がいるんで、おかしいなと思います。ラジオの音は、ほわんほわんという感じでしたが、一応聞こえましたよ。「耐え難きを耐え、忍び難きを忍び」というあの有名な文句はしっかりと聞こえました。天皇の放送が終わってすぐに和田信賢アナウンサーがただいまから詔書をもういっぺん読みますといって丁寧に読んだ。これははっきり聞こえました。わたくしの周りの大人は号泣している人がずいぶんいました。

わたくしの配属された作業場所には不良の同級生が四人いましてね。これが「負けたな。おれたちはこれで奴隷だよ。男はカリフォルニアか南の島に全部連れて行かれて、女はアメ公の妾だ」という。「じゃあ今のうちにいいことしなきゃいけないね」ということになって、「煙草を吸おう」といって防空壕に入って生まれて初めて煙草を吸いました。全然味は覚えていませんけど。うまいと思いませんでしたね。

それから「次に何しようか」となって、「女だ」ということになったが、そんなに簡単に女なんかいるはずない。「女学生でもつかみにいくか」なんていっていたけれど、結局何もしませんでした。

その日は夕方の終業ぎりぎりまで工場にいました。そしていつものとおり信越線で自宅のある来迎寺駅まで帰ったんです。汽車の中では大人たちがみな下を向いていました。それでわたしら中学生が「おい、天ちゃんどうなんのかね」って話していたら、一人の大人に「この非国民め！」ってボカーンと殴られた。

家に帰っておやじに「これからは奴隷になってカリフォルニアか南の島に送られるんだ」といったら、「馬鹿もん！　日本人の男を全部カリフォルニアに連れて行くためにどれくらいの船がいると思っているんだ。そんなことする政府が世界のどこにある」と笑われた。それで目が覚めましたよ。そんな馬鹿な話はないって。その程度の中学生でした。

終戦になって母親が元気な人でしたから、「もう越後にはいられない、東京に早く帰る」というんですが、おやじはぐずぐずしていました。男はああいうときはだめですね。女のほうが闘志満々です。秋ぐらいに一家は東京に行きました。「おまえも一緒に行くか」といわれたんですが、わたくし一人長岡に残ることにしました。

長岡中学の授業が九月に始まりまして、そこで初めてこの中学が米百俵のおかげでできた[*1]という話を聞いたんです。この話が負けてがっくりきている心に響きました。「そんないい中学なのか。それじゃあおれ、この中学出るわ」と思っちゃったんですね。それでおやじとお袋に「おれはこの中学を出ることにする。もう学校を変わるのはめんどうだから嫌だ」といって一人だけ村に残った。

おやじは隠遁するつもりだったのか、戦争に負けたときにあきらめてしまったのか、岩野の西の端っこ、隣村の池津の村境のあたりに家を建ててしまったんです。中の造作なんかはたいしたことはなかったけれども、「もったいないからおれはそこへ住む」といって一人で住んで、近所の戦争未亡人のおばさんが飯をつくりに来てくれました。しまいには泊まっていましたけどね。娘一人を連れていまして、その人たちがわたくしの家の一階に住んでわたくしは二階で寝起きしました。

石津村からの長岡中学校の生徒というのは過去においても三人か四人しかいなかった。みんな冬には長岡に下宿するんですが、わたくしのころは戦争に負けたときですから、長

＊1　長岡藩に贈られた米百俵を売却した資金を使って開校したのが「国漢学校」で、現在の長岡市立阪之上小学校と県立長岡高校。

岡は焼野原でもあるし、金もなかった。下宿なんかできるはずはない。

来迎寺駅まで五キロの雪道を毎日歩いて通ったんです。夏は高い足駄をはいてカランコロン鳴らしながら通ったら、体がどんどん丈夫になった。背も高くなったし、驚くほど丈夫になりました。これは三年間歩いたおかげなんです。

自分でいうのもおかしいですが、よく勉強するようになったんですよ。それまではどちらかというと悪ガキの育ちですからね。勉強なんか熱心じゃなかったんですが、一人になるとすることがない。家に帰ってきてすることがないから、「勉強でもするか」ということになった。ましてや冬はすっぽり雪に埋もれて何かしようにも何もできない。勉強でもするよりほかにすることもなかった。

そうしたらぐんぐん成績が上がっていきました。そしていつの間にか秀才たちがむらがる進学組に組みこまれてしまったんですね。東京に戻っていたら、とてもこうはいかなかった。勉強なんかする気が起きなかったでしょう。人間、何が幸いするかわかりませんね。

「次のオリンピックには必ず日本も参加できるんだ。そのときは戦後日本が独立できるときなんだ」

なんて自分なりに思っていましたからね。

だから、

大学ではボート部ざんまいの生活を送ったわけです。

第3章 ◎ 隅田川の青春

ボートでオリンピックを目指す！

——戦後の学生時代の話をしてください。そのころ将来の目標はありましたか。

なかったですね。わたくしは七中に入ったときに、近眼のせいもあって軍の学校なんかに進むつもりはなかった。一高[*1]に入るつもりだったんです。なぜ一高かというと、『あゝ玉杯に花うけて』[*2]という小説にいかれちゃって、一高に行くんだと頑張っていたんです。それで中学四年生のときに一高を受けに行った。そしたら落ちちゃった。五年生でもう一度一高を受けるか、ということになったんですが、こんど落ちると次は学制改革で旧制の高等学校がなくなるかもしれないという時期でした。じゃあランクを落として浦和高校に行こうか、ということで浦高を受けたんです。それで、めでたく入った。

あのころは変なうわさがあって、一高と浦高と東京高等学校が合併して東大教養学部になるということだったんです。じゃあ無理して一高受けて落ちるより浦高でも同じじゃないかということになった。ところが浦高に入ったらそんなことはウソだとわかった。中学

＊1　旧制第一高等学校、東大教養学部の前身。
＊2　佐藤紅緑作。「嗚呼玉杯に花うけて」は旧制一高寮歌。

は五年行きまして、旧制浦高には一年しか行かなかった。

昭和二十三年に浦高に入りましたが、新入生を迎えると上級生が目ぼしいのを引っ張ってきて、「おれの部へ入れ」と勧誘するんですよ。わたくしは背が高かったからつかまって、「ボート部へ入れ」といわれました。「おれはラグビー部に入りたい」といったら、「ラグビーは冬のものだから、冬になったらラグビーをやればいいの。夏はボート」といわれて、確かにそうだと思いました。ボートの選手でラグビーをやっている選手もかなり多い。そんなことでボート部に入ったわけです。

ボートレースというのはオリンピックに行ける可能性が一番高い競技だと聞いて、スポーツをやるならボートだとも思いました。長岡中学では部員じゃなかったんですが、水泳部に顔を出していました。なぜ部員にならなかったかというと、汽車通学なので部員になって遅くまで練習していると家に帰れなくなる。だから部員ではないけれど時間があれば水泳をやっていた。ただ水泳部というのはおもしろくない。一人でやるよりは団体競技がいいということもあって、ボート部にしたんです。

——大学でもボートに熱中されたそうですね。

昭和二十四年に東大教養学部に入りました。新制大学の第一期生です。前年の二十三年にロンドンオリンピックがあったんです。その直前にＩＯＣ（国際オリンピック委員会）がドイツと日本とイタリアの参加を拒否したんです。

過去の戦争においてわれわれの親兄弟及び親しい友人が数多く失われた。それに対する思いは消せないでいる。したがって、この三つの国のオリンピック参加をわれわれは心から歓迎するわけにはいかない、というような理由でオリンピック参加を拒否しました。もしあのとき日本が参加していれば、古橋、橋爪[*1]はものすごい大記録をつくったと思いますけどね。それにしても敗戦国の悲哀を痛切に感じました。

ボート部の先輩が「次のオリンピックは昭和二十七年だから、このときには日本も多分参加を許されているに違いない」というんです。翌二十四年ぐらいに講和会議が開かれて日本は独立できると思っていましたからね。ボート部の部屋へ行ったら、「オリンピックへ行けるチャンスなんだ。ほかの競技ではプロみたいなのがいるけれども、ボートレースはアマチュアしかいないからオリンピックに行くにはもってこいだ。おまえたちの年代はちょうどそれに当たるから、ぜひボートをやれ」という。それじゃやるかというのでボートをやったんです。

ですから、わたくしの中ではオリンピックというのはかなり強く意識されました。参加を拒否されたロンドンオリンピックをラジオ放送でむなしく聞いていましたから。オラン

＊1　古橋広之進はロンドン五輪と同じ年に競泳自由形四百、千五百メートルで金メダル記録を上回る世界新を連発。「フジヤマのトビウオ」と呼ばれた。橋爪四郎も同時期に千五百メートルで世界記録を出す。

ダのクーン夫人[*1]の大活躍などをラジオで聞いて、なぜかホロホロ泣けて、「次のオリンピックには必ず日本も参加できるんだ。そのときは戦後日本が独立できるときなんだ」なんて自分なりに思っていましたからね。

だから、大学ではボート部ざんまいの生活を送ったわけです。ボート部には大勢いましたけれども、対校戦選手に選ばれるのは八人しかいません。選手に選ばれることは大変なことなんです。

――当時ボート部には何人いたんですか。

相当いましたよ。一年生と二年生で八十人ほどいたんじゃないかな。

――その中から八人というのは相当厳しいですね。

ボート部員といっても、東大は工学部、医学部、法学部でそれぞれボート部を持っていて、駒場のジュニアのボート部員もいます。全部合わせると百何十人いたんじゃないですか。その中で八人なんですよ。ですから、わたしら選ばれた八人は、整調が理学部、七番が法学部、六番が工学部、五番が医学部、四番が医学部、三番が工学部、二番がわたくしで文学部、一番のバウが工学部というふうになっていた。[*2]

――すべての学部の中から八人というのはすごい競争率ですね。何か選抜の試験のようなものがあるんですか。

そんなものはなくて、ふだん学部レースをやったりするのを見ていて、あいつは大丈夫そうだとかね。だから、小さいのとかやせているのは選ばれなくて、やはり大きいのが選ばれます。わたくしたちのころは旧制高等学校出が多かったんです。旧制高等学校を三年間やって大学へ入っている。わたくしと理学部の整調の二人だけが新制の大学に入ったんです。あとはみんな旧制出ですから、わたくしらより年上ばっかりです。

とにかく対校選手に選ばれて、あとは本当にボート部の生活ですよ。今はかなりレースが多いですが、当時は全日本選手権が一回と一橋大学との定期戦が一回あるだけで、年にたった二回です。そのために一月に合宿所に集まって、初秋までほとんど毎日が練習。ですから、大学には全然行かない。

授業に出ないで練習、練習

――当時はどういうスケジュールで練習していたんですか。

一月から三月ぐらいまでは寒いですから、基礎体力を鍛えるために、室内練習とかマラ

＊1　ファニー・ブランカース・クーン。陸上女子百、二百メートル、八十メートル障害、四百メートルリレーで金メダル。

＊2　番号は船の進行方向から数えて乗っている順番。整調は最後、バウは先頭。

ソンです。それで、春の初めに一週間ぐらい合宿をして、あとは集まって陸上で漕ぐ訓練をしたり、走ったりということですね。

――毎日練習ですか。

毎日です。月曜日に休んで、あとは火水木金土日と六日間は朝九時ごろ出艇して十一時半ごろまで練習。飯食って昼寝して、三時ごろ出艇して五時半ごろにあげる。これがふつうです。猛練習のときは、もう三十分、一時間ぐらい延ばしますけどね。

――それはずっと隅田川でやるんですか。

隅田川です。当時は隅田川しかありませんでしたから。それと荒川放水路。

――授業はいつ出るんですか。

出られない。わたくしはそれでもよかったんだけど、まじめな野郎がいて、授業にどうしても出たい、せめて午前中は出たいという。仕方がないから朝六時に起きて六時半ごろ出艇して、八時半ぐらいまで練習して、まじめ野郎は飯食ってすぐ学校に飛んでいく。わたくしや法学部の悪友なんかは、「行ったってしょうがないよ」なんていって、もっぱら通っていたのは浅草大学です（笑）。

――でも、落第せず。

落第はしませんでしたね。いい同級生が一人いまして、この友人が全部ノートをとってくれるんですよ。たまに学校に出ますけれども、東大の文学部の授業なんていうのは、十年一日の如くで出ても出なくても同じなんじゃないかな。

――それだけ練習すると、腹が減りますよね。当時はそれほど食糧事情がいい時代じゃないでしょう。

ええ。飯がないですから、それはもう大変でしたね。もちろん酒なんかありません。マネジャーが大変だったと思いますよ。ヤミ米を買って、おかずなんかほとんどないです。夕方ボートからあがってくると、すぐ銭湯に行くわけです。銭湯へ行く前に食堂をのぞくと、たまにマネジャーが「きょうはトンカツだぞ」というときがある。そうすると、風呂へ行って身体を洗うのもそこそこで飛び出してくる馬鹿なやつがいるんだよね。先にでっかいカツを獲得しようと思って。

そういうことがあるので協定を結んで、出るまでは一緒にしようと決めた。風呂屋の前に整列して、ヨーイドンで走って合宿所に帰るんですよ。わたくしなんかは、小さくてもいいやと、のんびり歩いて帰りましたけど。カツレツというのは、大きいのも小さいのもありますけど、あれは目方を量って作るから、結局みな同じなんです。大きいのは向こうが透けて見える（笑）。食い物の恨みといいますが、とにかく食い物のことではいつだって競争となり、やっぱり大変でしたね。

当時は一橋との対校戦を六月にやったのかな。全日本は九月なんですよ。三月くらいから練習が始まって、四、五月と続いて一橋とレースをやって、一週間ぐらい休み。六月の半ばぐらいからまた集まって七、八月と練習する。もう夏休みですから、このときは学校に行く必要はありません。それこそ猛練習ですね。

シャツとパンツ一枚でやってるもんだから、格好はよくない。レースになったってほとんど応援なんて来ません。女の子の応援なんてまったくなし。でも、ボート仲間は仲がいいですよ。ボートというのは個人技がないから、あいつが上手くてこいつが下手なんてない。「あの野郎がへましたから負けた」というのもない。まさに一蓮託生です。

慶応の玉砕戦法に不覚

――ボートの成績はどうでしたか。

ヘルシンキ・オリンピック予選の全日本選手権が昭和二十六年にありました。これに勝てばオリンピックに行ける。そのときに慶応に三、四十センチくらいの差で負けて二位だったんですよ。それで行きそこなった。翌年の二十七年の全日本選手権では優勝したんです。当時、東大は本当に強かったんですよ。オリンピック出場を賭けた大勝負で勝てなかったのはすごく残念でした。

慶応は「玉砕戦法」に出ましてね。残り千メートルからスパートをかけた。ふつうはそんなところからスパートをかけて漕ぎきれないもんですが、漕ぎきっちゃった。わたくしたちはいずれ抜き返せると思っていたら、そのままどんどん行っちゃう。慌ててスパートして、ぐんぐん追いついたんですが、間に合いませんでした。その後、文藝春秋に入って、慶応の元塾長だった小泉信三先生に何度か会う機会があったんですが、その話をすると喜んでね。

共産思想の巣だった旧制高校

――当時、終戦からまだ数年の時期ですが、世の中も学生たちの雰囲気も平和日本にパッと切りかわっている感じでしたか。

平和日本ではありましたね。練習日誌というのを毎日つけていたんですが、戦後日本についての感想を書いたりするやつもいました。「われわれは平和な国家をつくろうということに対しては、みんな気持ちは一つである」なんてことを書いているのがいましたよ。

――大人世代への反発というのは相当ありましたか。

それはもっと子供のときでしたね。中学校のころ。大学へ入ったときには、そういうことを口に出す人はあまりいませんでした。

――当時、世相的にはどういう感じですか。ボートに熱中していたとはいえ、政治や社会情勢にかなり敏感だったんじゃないですか。

あんまり敏感じゃないところがいいんじゃないですか、ボートの選手はね（笑）。工学部の人たちは、新しい日本をつくるためにという思いがかなり強かったと思いますけど。

――左翼思想が学生の間でもかなり強かったでしょう。

それは旧制浦和高等学校のときでした。左翼というものが高等学校の生徒をこれほど席巻した時代はなかったでしょうね。旧制高等学校をつぶしたのが戦後日本の大間違いだという人が今でもいますけれども、旧制高等学校はアメリカから見ると左翼の塊のように見えたんでしょう。しかも日常の会話にはさかんにドイツ語を使う。メッチェン、ダンケなんて。左翼でドイツなんていうのは、アメリカにとっては「この野郎、何だ」という感じです。

だから、旧制高等学校は共産思想の巣であると同時に戦前の軍国主義、侵略主義の日本をつくった元凶であるとアメリカは思ったんじゃないですか。

――そういうことなんですか。

そんなことをいうと、学制改革はそんな単純なことじゃないという人がいるかもしれませんけれども、少なくともアメリカから見ればアカの巣ですよ。どこの高等学校もそうだったと思いますよ。わたくしは昭和二十三年に入ったんですが、このころの旧制高等学校には驚くほどアカの思想が大手をふっていた。

あるとき二年上の先輩が「半藤君、君もちょっとついてきてみるか」というので、「何ですか」というと、「浦和の共産党細胞の会があって、おれはそこに呼ばれているから、君も社会勉強のつもりで一緒についてきたらどうか」というので行ってみたんです。わたくしは左翼でも何でもないんですがね。

行ったら、高等学校の中で学生大会や寮生大会を開くたびに壇上に上がって演説をぶつ三年生がいた。これはすごい闘士だなと思っていたんだけど、それがこの細胞の会に行ったら怒鳴りつけられてヘイコラしている。怒鳴っているやつが高等学校の寮の中ではおとなしいなんてものじゃない、いるかいないかわからないぐらい静かな背の小さい男で、それが細胞の親方だったんです。それを見たときに「ハーッ、政治の世界はおれみたいに単純にものを見ている田舎者には向かない世界だ」としみじみ思いましたよ。

みんな何を考えているのかわからない。そういう思いはいっぱいありましたね。仲がよかったのは、ベ平連[*1]で活躍した吉川勇一君です。あの人は非常にまじめな人で、とても勉強家で頭のいい人でした。あるときちょっとどこかの島へ行って、そこで日本の差別と貧困に気がついて、左翼に傾斜していったんですね。で、のちに共産党に入ったんじゃない

＊1　ベトナムに平和を！市民連合。一九六五年に発足した反戦平和運動団体。

かな。ところが、ソ連と中国の原爆実験で、いい国の原爆実験（共産圏）と悪い汚い原爆実験（資本主義国）という論争がありましたよね。あのときに、共産党から除名されたんじゃないかな。そういう人がそばにいましたけれども、ボートの選手の中にはいませんでしたね。

――学生時代から戦史に対する興味はありましたか。

全然といっていいぐらいなかったですね。ただ、歴史好きでした。高等学校のときに寮でアナトール・フランスの『神々は渇く』というフランス革命を書いた小説を読んだんです。これは革命がいかに人間を変えていくかという小説なんですが、えらく感激して、将来はこういう形で日本の戦争史を書いてやるかと思ったことはあります。

そんなこともあって、太平洋戦争史をやろうかと漠然と思った。ただ、それはわたくしの心の中だけのことで、周囲にはほとんどしゃべらなかったんです。空襲体験とか、茨城県での機銃掃射体験などというのは、自分の中ではかなり骨身に沁みていて、何かというとたくさんの人の死体がパッと浮かんできたりしていました。人にはあまり語りませんでしたが。

そういう意味では、司馬遼太郎さんじゃないけれども、どうしてこういう国になったのかというつらい思いはあったんでしょうね。だから、将来は『神々は渇く』を向こうに回した歴史小説を書いてやろうなんてひそかに思っていた。

——戦後数年のころは、昭和史でわかっていないことがたくさんあったと思います。どうしてこんな間違った方向に行ったのか、原因はどこにあったのか、ということについては漠然とした感じでしたか。

わかっていませんでしたね。わたくしらがそれをアメリカから教え込まれたのは中学生のころなんです。『眞相はかうだ』と『眞相箱』[*1]で、ラジオで毎晩聞かされましたからね。それから、新聞に出た『太平洋戦争史』[*2]。中屋健一[*3]が訳していたと後で聞いたけど。あれを読まされたりしていましたから、戦争でいかに日本がひどいことをしたのかというのが、それなりには植え込まれていましたね。

だけど、率直にいって「何をいっているんだ。てめえたちだっておれたちよりもっとひどいことをやっているじゃないか」「東西南北を火で囲んで多くの人を焼き殺した東京大空襲をみろ」という気持ちはありましたね、子供のときから。戦争に正義なんかないというのは、死んだおやじの口ぐせでした。だから、そういうふうに思っていましたね。

＊1　終戦間もない時期からGHQの占領政策の一つとしてラジオ放送された番組。「軍国日本が引き起こした侵略戦争である太平洋戦争」という史観を国民に植え付けた。
＊2　GHQの政策として日本の新聞に連載された。軍国主義者による侵略戦争という面を強調した。
＊3　元共同通信記者、アメリカ史研究家。

わたくしらのように昭和二十年の暮れぐらいから二十一年、二十二年ぐらいまでの間の中学生というのは、学校で習うわけではないですけれども、ラジオとか新聞で植え込まれた教育がかなり強いんじゃないですか。素直に左翼に入った人は、日本人が戦争中にやったことは何たる侵略主義、帝国主義であったのかという理解ですよ。

わたくしたちの前の人たちもちょっと後の人たちもそうですが、左翼史観にかなり影響されたことは確かだと思います。マルクス主義やレーニン主義が提示した帝国主義侵略戦争という定義は、かなりかちっと決まったものとして、戦後の日本人の学者の多くが随分論じましたからね。それにわたくしらは随分影響を受けました。そこから脱却するのは、なかなか大変じゃなかったかなと思います。昭和二十四、五年ぐらいまでは、それはそれは強かったと思いますね。

文春に「ボンクラ」採用

――文藝春秋新人時代の話を聞かせてください。

中学生のころは将来は橋の技師になろうと思っていたんですよ。隅田川の橋が好きだったんです。橋の上で死にぞこなったという思いもありました。子供のころから海や山よりも川が好きだった。建物はやたらに設計した人間の名前があとあとまで付いてくるじゃないですか。ああいうのは嫌いだったんです。橋は何にも名前が付いていない。ただ立派な橋が残るだけ。だから橋の技師になるつもりでした。橋の技師になるんならフランス語ができないといけない。フランス語をやろうと思ったが、浦高に入ってあっという間にだめになっちゃった（笑）。

大学卒業が近くなって、橋の技師なんてことはもうやめて、新聞記者になろうと思っていました。大学四年だった昭和二十七年九月九日の全日本選手権に優勝して非常にいい気持ちになって、仲間全員と谷川岳の東大の寮に遊びに行ったんです。他の連中は途中で帰ったりしたんですが、わたくしは四日間ほどのんびりしていた。そうしたら先輩から「おまえ、就職はどうなっているのか」と電報が来た。

「あ、そうだ。就職があるんだ」と慌てて東京に戻った。ボート部の先輩で戦時中は近衛文麿の秘書をやって、のちに初代の道路公団総裁になった岸道三さんがもっぱらいろんなところに手を回してくれる人だったんです。岸さんのところへ行ったら、「君、どうするんだ。何になりたい」という。「新聞記者になりたい」といったんですが、そのとき主な新聞社の試験申し込みは全部終わっていました。東京新聞と時事新報だけが残っていましたけれど。九月の十五、六日ごろに慌てて戻ってきたらそのざまだった。

文藝春秋（当時は文藝春秋新社）もまだ募集していることがわかって、東京新聞と一緒に願書を出したんですが、なんと、試験日が同じ日なんですよ。それでどっちにしようかと最後まで決めかねて、当日両方の受験票を持って御茶ノ水駅を降りたんです。東京新聞の受験会場は中央大学で、文春は東大でした。ところが、中央大学の場所を知らなかった。「だめだこりゃ、文春しかないや」ということになった。わたくしは東京新聞に行くつもりだったんです。こんなことといったら文春に叱られちゃうけど。それでなんとか文春に拾ってもらった。

ボートの選手をやっているときに、『朝の波紋』という高見順の新聞連載小説を原作とする五所平之助監督の映画があって、なかなかいい映画でした。それに賛助出演してくれという依頼が東大のボート部にあったんです。いいですよというので出たんです。そのときに初めて高見先生と知り合って、吾妻橋のビヤホールでビールを飲んだりしたんです。卒業の年に、「来年の春の就職のときはお願いします」なんていった覚えがあります。

結果的には高見先生が文藝春秋に電話をしてくれて、「こういう人が受けるけれども、よろしく」と池島信平[*1]さんに頼んでくれたんです。すると「ああ、そういう珍しいのは歓迎する」ということになったらしい。文春に体育会系の本格的な運動選手が来るのは初めてでしたから、歓待してくれました。同期は三人です。のちの社長になる田中健五君と物書きになった金子勝昭君です。

わたくしは昭和二十八年の春に卒業したんですけれども、この年は旧制の大学生と新制の大学生が一緒に卒業したので、卒業生がいつもの倍になっているんですね。しかも、朝鮮戦争が終わってちょっと不景気になったときで、むちゃくちゃ就職難だった。

だから、東大の国文科に十八人いたけれども、一般企業に就職したのはわたくしだけじゃないですか。あとは高等学校の先生になるか大学院に残るかでしたよ。高等学校の先生になった連中の成績がいちばん良かったと思いますが、大学院に残った人はみんな駅弁大学の先生になって大学教授になった。だから、クラス会をやると大学教授ばかりです。あとは高等学校の先生が三人か四人いる程度です。外の会社に入ったのはわたくしだけみたいです。

最後の卒業口頭試問のときに、久松潜一先生、池田亀鑑先生、時枝誠記先生[*2]とか、偉い先生ばかり集まっていてね。

何を聞かれたか忘れちゃったけれども、ろくな返事もしなかったら、「ところで、半藤さん、大変つまらないことを聞きますが、あなたはどこかに就職なさったそうですね」という。「文藝春秋に入りました」といったら、「そんなところ、よく入れましたね」ということで、向こうがエーッと驚いちゃった。「ですから先生、卒業させていただきたいんで

＊1　文藝春秋の名編集者。第三代社長。
＊2　久松潜一は契沖の研究や和歌史で知られる国文学者。池田亀鑑は源氏物語研究の大家。時枝誠記は言語過程説を唱えた言語学者。

すが」といったら、「それはもう卒業していただきましょう」という調子でしたよ。何せボートばかり漕いで、ろくな学問をしていない学生ですから（笑）。

一つ面白い話があります。文春に入ってから佐佐木茂索[*1]さんという社長にかわいがってもらって、エレベーターの中で「佐佐木さん、つまらないこと聞きますが、この会社の入社試験で社員を採る基準というのはあるんでしょうか」と聞いたんです。「うん、まあないことはないな」という。「どういう基準ですか」と聞いたところ、「知りたいか」というから、「はあ」と。「じゃあ社長室に来い」というのでついていった。

佐佐木さんは「これはもっぱらわたしの考えだが、まず秀才を採る。ほんとに頭のいいやつだ。次はジャーナリステックな考え方のやつを採る。もう一人は海のものとも山のものともつかない、馬鹿か利口かわからないが何か大きなことをやるかもしれない、いや、花咲かないかもしれないボンクラを採る。三人のときはこれで終わりだが、五人採るときは秀才を二人、ジャーナリステックなやつを二人、ボンクラを一人だ。ボンクラは必ず入れる」という。

「へえ、そうですか。じゃあわたくしは何ですか」と聞くと、「おまえはボンクラに決まってるだろう」ですって。ウヒャーと思いながら、大いに納得しましたよ。文春の社員採用はあるときまで本当にそうだったんです。一人一人、どいつでも「あれはボンクラで入った、あれは秀才で入った」とわかる。

文春というのはそういう意味で非常に面白い会社でしたよ。そのボンクラの中に面白いのがたくさんいた。変なのもいたけどね。花開かないままのボンクラも多くいました。しかし、ただの秀才ではなくて、なかなか風格のある人物もいました。文春のいい時代は人材のバランスが良くて楽しい会社でした。

わたくしが役員になったときにみなにその話をして、人事でそういう方針はどうかといったがだめでしたね。やっぱりいまは秀才ばかり採りますね。秀才だけだと会社はつまらなくなります。いまはか細い秀才ばかりになっているんじゃないかな。

入社当初は小間使い

――当時の文春の所帯はどれぐらいでしたか。

わたくしが入ったときは七十五人ぐらいじゃないですか。月刊誌の『文藝春秋』が日の出の勢いで売れていて、グングン伸びているころですね。昭和二十四年までは文春は出お

＊1　小説家、編集者。芥川龍之介に師事。菊池寛らと芥川賞、直木賞を創設。

くれてそれほどでもなかったけれども、この年に『天皇陛下大いに笑う』[*1]や戦記物でグングン伸び出したんです。あれよあれよという間に毎年十万部ぐらいずつ増えていった。

わたくしが入ったときは昭和二十八年ですから、かなりの部数までいって、人間の数が足りないような状態でした。だから、全盛時代に突入したぐらいじゃないですかね。ただ、まだ突入したばかりのころですから、人間は少なかったですよ。ですから無茶苦茶に働きました。いや、働かされました。

――最初はどんなことをやらされたんですか。

四月一日から入社なんですけれども、手伝いに来いというから、その年の一月からちょいちょい会社に行ってたんですよ。人が足りなかったんですね。そうしたら、「おまえたち、どうせ入社するんだから、卒業前だっていいじゃないか」というので、わたくしと田中健五君と金子勝昭君と新入社員三人は三月一日から仕事に行ったんです。でも、正式入社は四月一日からになっています。

それで池島信平編集局長の前に三人座らされて、形は遊軍だけれども要するに小間使いです。そのころの編集部は『文藝春秋』『オール讀物』『文學界』『別冊文藝春秋』『増刊文藝春秋』です。増刊と別冊は一つの編集部なんです。別冊、増刊と一ヵ月おきに出していましたから。増刊の中に『漫画讀本』もある。だから編集部としては四つで、この編集部の校了が少しずつ違うわけです。そのために、間断なく、まあ忙しくこき使われましたよ。

――入社した当初はどんな人に出会いましたか。

会社へいってすぐのころ、加藤芳郎[*2]さんのところに漫画の原稿を取りに行きました。「まだできてないので、申しわけないですが、ちょっとお待ちいただけますか」という。「はあ、待ちます」といって待っていたら、「これでもお読みください」といって、あまり見たことのないようなエロ本をドカッと持ってきた（笑）。「わかりました」といって喜んで見ていたら、間もなくでき上がった漫画を持ってきた。名刺を見て「半藤さんはいつ会社にお入りになったんですか」というので、「まだ入って半月もたってません」といったら、怒って「この本、返せ！」って（笑）。「老けていて新入社員とは思えなかった、十年選手が来たかと思った」なんて、そんな話もありました。

そうやって十月まで働いたのかな。小説家だろうが、漫画家だろうが、本当に方々に行きました。編集部ごとに違いますから。ただ原稿を取りに行くだけです。たまには家に上げてくれる人もいましたが。そういうことで忙しくしていました。

浅草の田代光という挿絵画家のところへうかがっていたら、岩田専太郎[*3]が「ドロン、ド

＊１　仏文学者の辰野隆がサトウハチロー、徳川夢声とともに皇居で行った昭和天皇との会見録。
＊２　新聞連載『まっぴら君』などで知られる漫画家。テレビでも活躍。
＊３　永井荷風など多くの作家の小説挿絵を手がけた画家。

ロン、ドロン」なんていいながら入ってきたんですね。「岩田先生ですね」といったら、「そうだ。オールの仕事から逃げてきたんだ」という。わたしは『オール讀物』の仕事で田代さんのところに来ていたんで、「つかまえた。もう逃がしません」なんて。こんなことばかりやっていて、編集者というのは要するに小間使いなのかなと思っていましたよ。

——当時は遊びの方もかなりやりましたか。

そうでしたね。もっぱら遊ぶ方は……。

——だいたい浅草方面？

いやいや、そのころはまだ銀座で飲んでいました。バーなんかは行きませんよ。飲み屋でね。それから浅草でしたね。それと向島。まだ赤線[*1]がありましたから、何かというと赤線だったなあ。そういう意味では文藝春秋という会社は、実にいい会社というか、たくさん経験させてくれました。手に手をとって教えてはくれなかったけどね。自分で勝手に大きくなれ、という風な自由な会社でしたね。

＊1　一九五七年の売春防止法施行（刑事処分適用は翌年から）まで売春がほぼ公認されていた地域。

証言を残しておかないと、
みんな消えちゃうぞと思っただけです。
とにかく歴史というのは
残しておかなきゃ消えちゃうんだと。
関係者がどんどん亡くなっていきましたから、
できるだけ残しておいたほうがいいという思いがあった。

第4章 ◎ 昭和史にのめり込む

恩師・伊藤正徳と出会う

――戦史を調べ始めたきっかけはジャーナリストの伊藤正徳[*1]氏との出会いとうかがっています。

そうです。昭和三十一年から伊藤さんの担当になりました。伊藤さんはそのとき『連合艦隊の最後』というベストセラーになった本を出したばかりです。その本で担当になりました。それから伊藤さんが『大海軍を想う』という本の執筆に入った。そして『軍閥興亡史』という本に続いていくんです。『大海軍を想う』は明治の日露戦争以来の海軍の歴史を書いて、『軍閥興亡史』は日本陸軍のことを書いたものです。その担当にもなりました。

担当というとふつうは出来上がったものをもらって、それを本にすればいいんですけれど、どういうわけか連絡をとりあっているうちに、伊藤さんという人に惚れ込みましてね。伊藤さんの話が面白かったんです。伊藤さんはそのころは時事新報にいたんですが、まもなく産経新聞に時事新報が吸収されて、産経の論説主幹になった。そして産経新聞に『大

＊1　戦前、時事新報の海軍記者。戦後は軍事評論家として『連合艦隊の最後』『軍閥興亡史』などを著す。

海軍を想う』が連載されることになった。

ですから産経新聞の人がお手伝いに付けばいいわけですが、だれも付いてないんですね。それでわたくしが付くことになって、文藝春秋社員なのに週に二回ぐらい産経の伊藤さんのところに通うようになっちゃった。

昭和三十一年の初秋ごろでしたが、そのころは軍人さんがまだたくさん生きていたんですよ。その軍人さんたちの話を取ってきてくれと伊藤さんに頼まれる。「はいわかりました」といって、伊藤さんの名刺に添え書きをしてもらい、それを持ってたくさんの人に会いに行きました。会いに行って話を聞いてくる。当時はテープレコーダーなんかありませんから、メモを取ってきて、報告書を書いて伊藤さんに出すわけです。

伊藤さんはそれを読んで、「半藤君、この人は君にウソをついているよ」という。「はあ？」っていったら、「この人はこんなときにはこの立場にいない人なんだよ。それがさも自分がやったようなことをいっている」と説明されるんです。

そんなことがたびたびありました。そのとき「ああそうか、取材というのはこちらに何にも知識がないと、ウソをつかれてもホラを吹かれてもわからない。だから勉強しなきゃならない」と痛感しました。それで勉強を始めたんです。当時は太平洋戦争に関する本も文献もたくさんある時代ではなかったのでいくらかは苦労しました。

それで勉強して取材に行くと、ある程度わかるようになった。いきなり「おれは知ってるぞ」ということは出さないで、ある程度しゃべらせてから「ちょっとお聞きしますが」という形で問い直すと、相手は驚くんです。あのころは平和オンリーの時代で、戦争なんて総スカンの時代ですから、知ってるはずはないと思ったんでしょうね。ところが若いやつが知っているもんだから、驚くと同時に今度は真面目に応対してくれるようになりました。

そういう経験をしているうちに、どんどん取材が広がっていったんです。伊藤さんは指導するような人ではなかったんですが、かなり教えられました。伊藤さんは昭和八年の国際連盟脱退のときに時事新報で論陣を張りまして、「脱退すべからず」と懸命に頑張った人です。新聞が一つ残らず脱退論で太鼓を叩いているときに、ですよ。結局脱退とわかったときに彼は筆を折った。時事新報は脱退賛成の方に向かっていましたから、彼だけ反対していたんですね。そのときの話をしてくれまして、「伊藤先生はどうして筆を折られたのですか」と聞くと、「いやあ、折るんじゃなかったね。最後までやるべきだった。決まったものならしょうがない、と最後のときに書いたんだが、決まってもやっぱり反対し続けるべきだった」といって盛んに嘆いていました。

そういう話を聞いているうちに、こういう話をちゃんと残していかなきゃならないと思い始めました。『週刊文春』が昭和三十四年四月に創刊されて、翌年の一月から伊藤正徳監修の形で『人物太平洋戦争』という連載を始めたんです。これはわたくしが取材して書きました。メインの軍人は二十八人くらいだったか、彼に直接関係のあったたくさんの人に会って、さらにその周辺の人にも会いました。このころはずいぶん関係者に会っていましたね。一人を描くのに十人以上の人に会った。最後の連合艦隊司令長官の小沢治三郎とか今村均大将、草鹿龍之介[*1]などの将官クラスに会いましたし、その周辺の人にも会いました。

「ハンドー分子」と変人扱い

——戦史、昭和史をどのように勉強されましたか。

まだ本がそれほどない時代でした。いわゆる防衛庁戦史室の叢書（公刊戦史）なんかない時代ですから。軍人の自慢話の本がいくつかありましたけどね。ですから、簡単にいうと、とにかく当時出た本はありったけ読んでいました。辻政信[*2]の『ガダルカナル』や『シンガポール』などが出ていましたから、ああいう本も全部読んで、そういうのを全部信じていました。信じたというのもおかしいけれども。それから、吉田満さんの『戦艦大和ノ最期』が出たばかりのころでしたから、ああいうのを読んでものすごく感動したのを覚えています。

そうだ、阿川弘之さんの『雲の墓標』[*3]。あれはたしか昭和三十一年に出たと思いますよ。

その前の二十七年ぐらいにやはり戦争物で長いものを阿川さんが書いていますが、そっちは正直いうと同時代では読んでいません。

『雲の墓標』が出たのはわたくしが伊藤さんのもとで日本海軍のことをいろいろ教わっているころです。正直いうと、「あ、これが本当だよな」と思ったんです。それまでは、左翼の史観によるものばかりでした。「戦争中はおれも子供だったけれども国とか戦争というものに対してこれぐらいの気持ちでいたよな」と。国のために死ぬぐらいの覚悟はあったし。だから、あれはわたくしの気持ちによく合った小説だと思いました。

阿川さんは文壇からは相当排除されていたんですよ。阿川さんの作品では昭和四十年の『山本五十六』が有名ですが、あのときだって職業軍人を書くということを日本の文壇で評価した人はほとんどいません。阿川さんはあくまで亜流でした。昭和四十年になっても、まだ戦後日本の国家において昭和史や戦争と真っ正面から向き合っている人は少なかったと思います。みんなそっぽを向いているか、知らないふりをしているか、左翼史観にどっ

＊1　今村均は司令官として統治したインドネシアで善政を行い、人格的にも尊敬された名将。草鹿龍之介は真珠湾攻撃の第一航空艦隊参謀長、のちに連合艦隊参謀長。
＊2　陸軍参謀。ノモンハン、ガダルカナルなどで無謀な作戦指導を行う。シンガポールの華僑粛清事件など数々の残虐事件も指導したが、戦後は逃亡して戦犯訴追を免れた。
＊3　特攻隊として散った学徒兵の苦悩と悲劇を描いた小説。

ぶりつかっていたからだと思います。

『山本五十六』が出たときに推薦文を書いたのが小泉信三と大宅壮一ですよ。文壇の人は全部そっぽを向いていた。というくらい、まだ歴史とか戦争というものに対してまともに向き合おうとする姿勢はなかったと思います。

自慢話でいうわけじゃないけれども、昭和三十年ぐらいから伊藤さんの教えを請いながら戦争の本をめちゃくちゃ読み出したわけですが、わたくしみたいなのはあまりいませんでしたね。馬鹿じゃないかといわれた。

――当時は、のちに半藤さんがお書きになった『昭和史』のような全般的な通史はなかったんですか。

ありませんでした。もう少しあとには出てきました。昭和三十年の岩波新書の『昭和史』あたりじゃないですか。あれに食いついて、亀井勝一郎さんが文藝春秋に批判を書いた。あれはわたくしが取ってきた原稿なんですよ。それで亀井さんとの論争[*1]が始まったんだけれども、論争は中央公論へ行っちゃったんだよね。文藝春秋が火をつけたんだけれども、いいところは全部持っていかれてしまった（笑）。あの影響は大きかったんじゃないですかね。

平和な時代に軍人のことや戦史ばかり調べているんで、わたくしは会社ではいくらか変人扱いされていましたね。よく笑い話でいいますが、「ハンドー分子」と呼ばれていました。

おまえ、「半藤」をやめて「反動」と名乗ったらどうかといわれたもんですよ。反動はいまの非国民と同じです。昭和四十年ころの文春に入ってきた立花隆君が「半藤さんはとにかく危ない人だと思っていた」ってのちに書いている（笑）。

——しかし、それだけ世間が無関心ということは、逆に広大な未開拓分野が広がっていたということですね。

広大なる鉱脈が眠っていました。みんなそっぽを向いていたからですよ。わたくしは今になって考えると、何と幸運な男だと思いますね。そのころはそんなことは思っていませんでしたけどね。それがのちにこんなに昭和史ブームになるなんて想像もしていませんでした。本当の歴史が語られていないという思いはずっと持ち続けていましたけどね。

——若いころから将来何か書いてやろうという意欲はあったんでしょう？

そうでもなかったです。『日本のいちばん長い日』[*2]は昭和四十年に出しましたが、わたくしはあれで物書きになるとは思っていませんでした。

ただ、証言を残しておかないと、みんな消えちゃうぞと思っただけです。とにかく歴史

＊1　昭和史論争。亀井勝一郎が岩波新書『昭和史』の歴史認識を批判。歴史学者などを巻き込んだ論争に発展した。
＊2　終戦の玉音放送までの二十四時間を陸軍将校の反乱〔宮城事件〕などを交えて克明に描いたドキュメント。

というのは残しておかなきゃ消えちゃうんだと。関係者がどんどん亡くなっていきましたから、これはできるだけ残しておいたほうがいいという思いがあった。伊藤さんの手伝いをしているころはそんなこと考えていなかったから、将軍やら提督やらいろんな人に話を聞いたメモを全部伊藤さんにあげちゃって、自分の手元に何も残さないというくらいあっけらかんとしていましたからね。

『週刊文春』に『人物太平洋戦争』を連載したときはよく歩いたな。毎週掲載ですから、自分でもよくやったなと思うくらい人に会いましたね。

一回目は小沢治三郎です。小沢さんにはもちろん会いに行きましたけれども、何もしゃべらない。しょうがないんで、小沢さんと一緒に戦っていた参謀たちなどを探し出して取材しました。一人を主人公にしても、少なくとも五、六人くらい周辺を取材しなければいけませんから、ものすごい数の人に会いましたね。いまになると、それが全部宝になっているところがあります。

無責任な軍人が多かった

——今まで何人の軍人に会いましたか。

兵隊さんまで入れると相当の数ですね。たとえば、『日本のいちばん長い夏』[*1]の座談会で三十人ですね。そうやって数えると何人会ってるかな。六百人以上は会っているんでしょうね。当時は将官クラスも生きていましたから。牟田口廉也中将や宮崎繁三郎中将[*2]などです。提督クラスもいました。

何もしゃべらない人もいました。嶋田繁太郎海軍大臣なんかひと言もしゃべらなかったですね。訪ねていくと玄関までは出て来るんです。着物姿でちゃんと正座して応対する。でも上げてくれない。立ち話みたいな形になる。ひとっ言もしゃべらなくて、三回目に行ったときに「とにかく何か一つ教えてくれませんか」といっても黙っていました。「たった一つでいいから」と頼んで、「昭和十九年二月に東條英機が陸軍大臣兼参謀総長ということをやって、あのとき嶋田閣下も海軍大臣兼軍令部総長という二つのことをおやりになりました。あのときの話だけでもいいですからひと言」というと、「ではそれだけ」といって「不徳のいたすところでした」とだけ答えた。そのひと言だけ取った覚えがあり

＊1　昭和三十八年に宮城事件の関係者などを集めた座談会を復刻し、二〇〇七年に出版された。座談会は月刊文藝春秋に掲載され、『日本のいちばん長い日』出版のきっかけになった。
＊2　牟田口は盧溝橋事件で戦端を開いた連隊長。のちに司令官としてインパール作戦を指揮する。宮崎はノモンハン事件に連隊長、インパール作戦に師団長として参加。巧みな指揮で名将といわれる。

ます。でも書きませんでしたけどね。

――お会いになった軍人の中で印象に残る人について話してください。

最後の連合艦隊司令長官の小沢治三郎中将は非常に印象に残っていますね。結構身辺雑話はしゃべってくれた。ところが戦争の話はいっさいしないんです。その代わり自分が今何をしているかとか、「英語のラジオを聞いていて、自分では相当英語は出来るつもりだったけど、何にも知らなかったな」てなことを話してくれたりしました。

あの人は世田谷に住んでいました。家を人に貸していまして、自分はその一部屋に住んでいるんですよ。かなり大きな家ですよ。「閣下、これはお宅なんでしょう？」と聞くと「そうです」という。「あそこにいるのは？」とまた聞くと、「借家人です」という。「閣下の住まいは？」「わたしはこれだけです」「母屋を取られちゃったんですね」というような話はいくらでもしたんですが、戦争となるといっさいしてくれませんでした。「わたしは最大の責任者です」というだけでした。しかし、立派な人だと思いましたね。

――逆にひどいなと思った人は？

牟田口廉也さんですね。イギリスの戦史研究家が「インパール作戦は必ずしも無謀ではなかった」というようなことを書いた。それからのあの人は、なんというか鬼の首を取ったような感じでその本を振り回して「おれはこんなに立派なんだ。それをなんで悪人扱いするんだ」といって、ものすごい勢いになっちゃうんですね。ああいうことにならなきゃ、もう少し反省していたんじゃないかな。「盧溝橋事件はおれが始めたんだ。だから太平洋戦争はおれが勝利に導かなきゃならない責任があったんだ」というのが彼の持論なんですね。「かえって悪くしたじゃないですか」というと「君、何をいうか！」と怒る。

　だいたいにおいて無責任な人が多かったですね。責任を感じている人はあまりしゃべらなかった。ノモンハンのときに参謀本部にいた作戦課長の稲田正純なんて、関東軍の悪口しか言わなかったしね。「参謀本部だって責任はあるじゃないか」と思うんですけどね。

　今村均大将は立派な人でした。世田谷の経堂に住んでいました。庭の隅に小屋を建ててそこにひっそりと。穏やかな人でね。でも、何でもしゃべってくれました。自分の知っていることは何でも。

　しかし、やっぱり取材して面白かったのは、勇戦力闘した駆逐艦の艦長クラスの人です。本当によく戦いましたからね。海軍兵学校の成績はそれほど良くないんですよ。そういうところは海軍ははっきりしていて、成績が下なのは潜水艦の艦長か駆逐艦の艦長なんですね。成績がいいのは戦艦とか巡洋艦の艦長になる。

　けれども太平洋戦争でいちばんよく戦ったのは駆逐艦です。駆逐艦はものすごく戦った。駆逐艦の艦長さんは面白かったですよ。みな独特の風格があったしね。すましたとこなんてまったくない。本当に海の男らしい人たちでした。面白かったけれど、「戦争というものはやっちゃいかんですよ」というのはみな共通して話していたことですね。

――陸軍と海軍で印象は違いますか。

だいぶ違います。一般的にいって官僚的な、事務能力に勝れた人が多かった。それですから、陸軍の方が責任を回避する人が多かったですね。回避というか部署が多いんです。異動も多い。海軍は所帯が小さいですから、自分のやったことがはっきりわかるんです。陸軍は所帯が大きいから、どこから責任を感じていいかわからないところがある。だから、誤間化しがいくらでもきくのですね。将官、参謀長クラスはそういうわけにはいきませんけどね。

陸軍はたとえば瀬島龍三[*1]と一緒に机を並べた参謀本部の作戦課にいた人なんかは、瀬島をかなり悪く言います。「あの野郎が」ということになるんですが、海軍はそういうことはあまりない。海軍はお互い協力して助け合うんですね。いやらしいといえばこっちのほうがいやらしいね。

「残しなさい、続けなさい」が伊藤さんの遺言

――新聞記者は軍人を一人一人訪ねるような取材をあまりやりませんでしたね。

やりませんでしたね。わたくしがいちばん元気でやっていた昭和三十一～三十五年ごろ

の新聞社はそういうことはやっていません。雑誌だってそんなにやってませんよ。立花隆君なんて会社に入ってきて、わたくしのことを見て「なんでこの人はこんなくだらないことをやっているのかと思った」と話していますよ。文春の中だって昭和史や太平洋戦争を一所懸命研究したり取材に歩いている人間はそんなにたくさんいませんでした。

――当時は戦史など調べていると「右」と思われたのでは？

「また戦争したいのか」といわれましたよ。そうじゃないんだといっても理解してもらえなかったからね。いずれみな当事者は死んじゃうから、今のうちにやっておけば残せるものは残せるんじゃないかという気持ちでしたが、だれも理解してくれなかった。伊藤正徳さんにそう教えられましたから。

伊藤さんが喉頭がんでもうだいぶ悪かったのでお別れにいったとき、「これは続けなさいよ。残しておくことが大事なんだよ」といわれたことを覚えています。それでずーっと続けていたら、いつのまにかこの道に入っちゃった。

雑誌社というのはこういう継続的な仕事には便利なところですね。たとえば「戦艦大和まだ沈まず」なんていうプランを出して採用される。戦艦大和を作った人がまだあまりしゃべっていない。そこで福田啓二さんや松本喜太郎[*2]さんという人が浮かび上がってくるわけ

＊1　大本営作戦参謀。シベリアに十一年抑留後、伊藤忠商事で辣腕を振るった。
＊2　福田は海軍造船官、松本は海軍の技術大佐。戦艦大和の設計に関わる。

です。そういう人たちを呼んで話を聞くんです。これは仕事になると同時に自分の足しになるわけです。こういうところは雑誌というのはいいですね。やっていることが一つの記録として残るし、自分のためにもなる。

過小評価されている山縣有朋

——もう少し範囲を広げまして、明治期も含めて軍人評を聞かせてください。だれでも知っている名前を挙げると、明治期だと山縣有朋や東郷平八郎、乃木希典、山本権兵衛もいます。昭和期だと、山本五十六などですか。東條英機も入るでしょうけれども、明治期と昭和期で印象に残っている軍人を何人か挙げて、評価をしていただけますか。

わたくしがたくさん書いている本の中で一番売れなかった本が『山県有朋』です（笑）。山縣有朋という人は日本人に評判が悪いんですね。ただ、山縣という人をきちっと検証しておかないと、近代日本はわからないと思います。山縣は大正期になって内務省を握ってからは確かによくないところがあると思います。大正天皇をないがしろにして、自分の国家のようなつもりでいるところはちょっといただけません。

けれども、それまでの山縣というのはすごく創意工夫があった。やはり一番いいところは武士じゃないということですよ。武士じゃなかったから、いち早く近代人に脱皮することができた。山縣有朋というのは明治の初めごろに最初に近代人に脱皮できた明治の指導者です。国家の利益線とか生命線[*1]とかいい出して、どうのこうのといわれますけれども、そういう眼で「この国のかたち」つまり国家とは何かを見るということがただちにできた人です。

大日本帝国は山縣有朋がつくったと本人は思っています。事実、そういってもいい。軍人としての山縣はだいたいにおいて日清戦争でもだめだし、もちろん日露戦争でも鋭気があり過ぎるといって後ろに引っ込められたりして、ちょっと認められないところがある。けれども、軍人政治家としてあのぐらい目先のきいた人はいないんじゃないですか。

――かなり悪玉にされていて、とくに統帥権の問題では原因をつくったような批判もされています。

たしかに統帥権を政治から離して独立させました。それで山縣が生きているときに統帥権問題というのを二回引き起こしているんですね。一つは、明治三十八年十二月、伊藤博

＊1　山縣が編み出した地政学的用語。国家の利益に関する境界線で、山縣は日本の利益線を朝鮮半島に位置づけた。

文が韓国統監になるときに、軍隊指揮権を持たせろと要求したら、山縣が軍隊指揮権はあくまで参謀本部にある、文官にはないといって、断固として受けなかったんですね。伊藤博文が「そんなことをいったって、おれは単身で乗り込んで殺されちゃうことだってあるじゃないか」といったら、山縣が「そんなもの、おまえが勝手に行って死ね」なんていう調子で元老会議でやりあったみたいです。結局は伊藤が朝鮮に乗り込んでいくからには、いざというときに軍隊をすぐに指揮できることにしてもらわないと困るというので、明治天皇に泣きつくわけですね。そのときに、「じゃあ今回だけ特別に」と明治天皇にいわれて山縣有朋がやむなくオーケーするんです。

もう一回は大正に入ってすぐ、師団の増加問題のときに、ちょっともめて西園寺公望内閣がふっ飛びますけどね。ただ、山縣有朋が統帥権問題の元凶であるなんていうことは、あとで取ってつけた理屈ですよ。まあそういうものをつくったことは事実だけどね。

乃木は愚将ではない

――日露戦争の乃木希典大将に関してはどうお考えですか。

乃木さんが気の毒だと思うのは、司馬遼太郎さんが『坂の上の雲』などであまりにも乃木さんを悪く書き過ぎましたね。乃木さんのいいところといってはおかしいですが、やっぱり乃木さんじゃなければ恐らく二百三高地は落ちなかったと思いますよ。旅順攻囲戦で兵隊たちがあんなにたくさん死んでも、なおかつ部隊長をはじめ兵士たちが攻撃命令を承知したのは、やっぱり乃木さんだったからですよ。

指揮官というのはそれくらいの人格的な力がある人でなきゃいかんと思いますね。司馬さんは『坂の上の雲』という小説からは一切の美学を除くという大方針だったと思いますから、水師営[*1]のような乃木さんの美学的な話はあえて無視するんですね。

ステッセルが降伏したときにアメリカの映画会社がその場にいて、会談を撮らせろと要求した。乃木さんは「それはまかりならぬ。全力を挙げて戦った人間だ。敗者になったとはいえ、その姿を永遠にとどめるようなことは侍として忍びない」といって断固拒否したんです。

それで結局撮らせてもらえなかったんです。しかし、相手は最後まで粘って写真を一枚でいいから撮らせてくれという。それでは降伏調印が終わった後のステッセル以下の幕僚と乃木さんの幕僚の記念撮影は許そうというので、その写真が残っています。あの写真は明らかにブドウ酒か何か飲んで乾杯して、みんないい気持ちになっているところですよ。

＊1　旅順攻囲線で降伏したロシア軍司令官ステッセルと乃木が会見した場所。

よく見ると、後ろのほうに立っているロシアの参謀の一人の肩のあたりに後ろから手が出ています。酔っ払ってフラフラしているのを、動かないように後ろから人が押さえていたんだと思いますよ。

あのとき乃木さんは「降伏したとはいえ、軍人は全部帯剣を許す」というので帯剣して撮っています。こういうことが乃木さんの人間性を示す事実としてあると思うんですよ。ところが司馬さんはそういうのは全部美談だからいらないといって切り捨てちゃう。

もう一つ、『坂の上の雲』には明治天皇がほとんど出てこないんですよ。乃木さんを更迭しなきゃいけないというので、天皇のところに桂太郎首相かだれかが行って意見具申したら、「乃木は残す。今やめろといったら乃木は死ぬよ」といって明治天皇がとどめるという話があるんです。ちゃんと記録に残っているんですが、司馬さんはカットです。美談には真実はないということなんでしょう。

でも、そうはいうけれども、ある種、歴史というのはそういうエピソードに人間性があらわれたり、その人の持っている考え方の基本があらわれたりするので、そうむげにすることもないとわたくしなんかは思うんですね。歴史とは民族の物語ですからね。

――ある意味、その戦争全体の性質を象徴するようなところもあるかなと思いますね。太平洋戦争でのシンガポール陥落後の山下奉文と英軍司令官パーシバルの会談は水師営会見の美談とはえらく違いますね。

でも、あれもかなり戦意昂揚のためにつくられた話なんですよ。杉田一次というあの席にいた参謀がかなり怒って、山下さんはそんな人じゃないと証言してくれましたがね。敗者にはきちんと敬意を払う。山下奉文もそういう軍人であったという。やはり軍人というのはそういうものじゃないかと思いますね。明治の人たちの偉いところはそういうところだと思いますよ。潔い敗者になる。わたくしがボートの選手時代は潔い敗者なんかにはなれませんでしたが（笑）。慶応に負けたことが悔しくていまでも夢に見ますよ（笑）。

日本海海戦の真の功労者は？

――日本海海戦の英雄、東郷平八郎連合艦隊司令長官はどうでしょう。

東郷さんという人は近代日本の中で屈指の人だと思いますが、残念ながら自分の判断というか考え方を持たなかった人じゃないかと思いますね。将としてはそういうのがいいのかもしれませんけれども、幕僚たちの影響をかなり受ける人だったと思います。

――晩年はよくなかったですね。ロンドンの海軍軍縮会議で沸き起こった「統帥権干犯《かんぱん》」問題では、軍縮反対派に担ぎ上げられたりしました。

晩年はどうしようもないですね。ただ、元帥になっちゃうとそうなんですよ。元帥というのは終身現役ですから。ほかの人は大将で辞めて外へ行きますね。元帥は残って神さまになっちゃう。伏見宮[*1]と東郷さんは海軍の神さまになっちゃいましたから。伏見宮は宮様だから、麻雀でいえばもう一翻《イーハン》ついているんだけどね。だれかがおうかがいにいって、東郷さんが「そうせい」といえばお墨つきですから。晩年の東郷さんはそういうところでは人の意見に動かされやすい人じゃないかと思います。

夏目漱石は東郷さんを全然認めていなくて、「あの立場になって、あれだけの責任を負わされれば人間はあのぐらいのことはだれでもやるんだ」というのが漱石の意見でした。でも、開戦からの連合艦隊全体を見ますと、まだ戦争のはじめのころに虎の子の船艦六隻のうちの戦艦八島と初瀬の二隻が機雷に触れて沈むなどして大勢の幕僚たちがみんなオタオタする中で、東郷さん一人端然としていたというところは、やはり軍人としての胆力のある人だったんでしょうね。

——勝ったあとは英雄になりましたけれども、戦《いくさ》を始める前はどれほどのカリスマ性があったんでしょうか。

なかったでしょうね。カリスマ性はあとでつくり上げたものだと思いますよ。バルチック艦隊が津軽海峡か対馬海峡かどちらに向かうのかわからず、連合艦隊司令部がオタオタしているときに、東郷さんが「ここに来るでごわす」といって地図の対馬海峡を指さしたっきり、微動だにしなかったとされています。それが東郷を世界の名将にしたと司馬さんは

『坂の上の雲』に書いていますけれども、事実はそうじゃないですよ。

連合艦隊司令部は秋山真之参謀以下全幕僚が封をした命令書を全艦隊に配って、艦隊をすべて北海道へ移そうとしていたんです。東郷長官もそれを認めていたようです。それが事実として残っています。が、移そうとしたのを「まだ早い」といってとめた人が出てきた。これが藤井較一という大佐と島村速雄という少将です。藤井は第二艦隊の参謀長、島村は第二艦隊第二戦隊の司令官です。

この二人が判断は早過ぎるといってとめた。東郷さんが偉いのはここからです。二人をちゃんと連合艦隊司令長官室に呼んでしっかりと話を聞いて、「そうか、わかった」と。それで作戦室へ戻って、密封命令の開封を一日延ばすという判断をするわけです。密封命令というのは、「全艦隊は津軽海峡へ向け北進せよ」というものだった。この判断が大成功したわけですから、まさに東郷さんの功績です。みんながたついたときにも東郷さんは比較的冷静であったというのは確かですよね。でも、この二人がいなかったら……。

あの時代の人たちはみながそれぞれの分をわきまえていて、本当に全力を傾注したんじゃないですか。だから、反対の意見具申にも命を賭けている。そこは太平洋戦争において上

＊1　伏見宮博恭王。軍令部総長を務める。伏見宮と東郷は海軍内で「宮さまと神さま」といわれ神格化されていた。

に立った将や参謀たちとは比べものにならない。

たとえば、軍令部総長の永野修身と山本五十六連合艦隊司令長官が戦争前から山本が戦死するまで何回会ったと思いますか。一回も会っていません。正確にいえば顔は合わせています。でも「やあやあ」ぐらいですよ。二人で膝を突き合わせて、この戦争をどうするかということに対してみっちり話し合った形跡はこれっぱかりもありません。

それと比べれば東郷さんは随分違いますよ。旅順攻囲戦が終わってからバルチック艦隊が来るまでの間、東京に帰ってきて中央とちゃんと打ち合わせをしています。軍令部と連合艦隊の意思をきちんと統合させています。太平洋戦争では軍令部と連合艦隊司令部はしょっちゅう衝突し、反目し合っています。情けないくらいです。

説明不足が山本五十六の欠点

――昭和期で評価できるとしたら、人格的には今村均のような人がいますけれども、将としては山本五十六でしょうか。

やっぱり将としては山本五十六ぐらいでしょうね。出身中学の先輩贔屓《びいき》かもしれませんが……。ただ、将としては山本五十六なんだけれども、残念ながらあの人はどういう考えで自分がこの作戦をやろうとしているのかを人に話さないんですよ。やはりリーダーシップをとる人は、自分が何をやろうとしているのか、自分が今やろうとしていることは何を意味しているのかを広く部下に徹底しておかなきゃいけません。これは会社の組織だって同じで、リーダーはプロジェクトが組織にとってどういう意味を持っていて、それがどういう結果を生むかをきちんと説明するでしょう。それを山本は何もやっていません。

一概にいってはいけないけれども、越後の長岡、雪国の人の本当に口の重たい、人見知りする悪いところをそっくり持った人ですから、そこだけは残念ですね。もっときちっと自分の意思が何であるかということを説明しなきゃいけません。ただ、あとは立派です。日独伊三国同盟、対米開戦を命がけで止めようとしたところまでの山本五十六はかなり立派だと思いますね。となると、将としてより軍政家として立派ということかな。

ちょっと前ですが、大分市へ行って、山本の親友の堀悌吉中将が持っていた山本の手紙や『五峯録』[*1]を書くための全資料が展示されている先哲史料館を見てきました。堀のお孫さんが家を整理していて出てきたそうです。山本五十六が開戦一ヵ月前に堀悌吉に出した「個人としての意見と正確に正反対の決意を固め、一途邁進する立場は誠に変なもの。こ

＊1　堀悌吉が山本五十六と後任の連合艦隊司令長官となった古賀峯一との書簡などをまとめたもの。二人の名から表題をとった。

れも天命か」というあの手紙を見ると、気の毒な方だったなと胸を打たれましたね。

――山本は真珠湾で勝った後、講和できると思っていたんでしょうか。

そう思っていた。いや、そう願っていたんです。

――それがどうしても理解できないんです。ぶん殴った後に「握手しよう」といってもだめだろうと思うんですが。

そうね、わたくしもそう思います。でも、本人はそう祈ったんですね。徹底的にたたいておけば話に乗ってくるだろうと。戦争とはそういうもんじゃないと思うけどね。

東條英機については、日経がスクープした『終戦手記』[*2]に尽きますよ。あの人はトップに立つ戦争指導者としては、本当に失格中の失格だね。「無気魂」であったのが敗けた理由だ、なんて、国民を最後になってあんなふうに見るなんて。中学生のおれたちだってあんなに総力を挙げて戦っていたのにね。

――あれは対外的に格好つけた文章じゃなくて、本当に自分の内心が出ていますね。

あれが本音なんだから、あまりといえばあまりだよね。

――やはり軍の教育システムがゆがんでいたんでしょうか。とにかく参謀です。辻政信のような独善的な人物を数多く輩出しました。

よくなかったんでしょうね。陸軍は「参謀に罪はない、責任はない」としましたが、あのシステムはよくない。もう一つ、陸軍は秀才を全部中央へ集めるんです。参謀本部に集めて、ほとんど現場に出ない。これもよくないですね。とくに作戦課がタコツボ集団となって、ひとりよがりで他の意見を受けつけない自己過信に陥っていた。ひどすぎました。海軍もそういうところがあるけれども、ときには外に出しますからね。出ないやつも随分いたけれども、一応前線に出ましたね。陸軍は前線に出ない参謀が山ほどいました。瀬島龍三なんか開戦前から昭和二十年七月まで参謀本部作戦課にいつづけて、外へ出たことなんかない。

＊1　東條英機がポツダム宣言の受諾決定後に書いた手記。終戦に反対し、政府と国民を「無気魂」と批判している。国立公文書館に所蔵されていたことがわかり、二〇〇八年八月十二日に日本経済新聞が報じた。

終戦に関してはかなり研究しました。
なぜそこまでこだわったかというと、
戦争に負けたときほど日本人が、
日本人らしさといいますか、
精神の根っこをさらけ出したときはないと思うんです。

第5章 ◎「日本のいちばん長い日」

知られていなかった宮城事件

――半藤さんが最初に世に出した大作『日本のいちばん長い日』執筆時のことについて聞かせてください。

きっかけは文藝春秋で企画したマンモス座談会でした。第一回目はオリンピック座談会でして、東京オリンピックの前年の昭和三十八年にやったんです。アムステルダム大会からの出場者の中で生き残っている人を全部呼んでやりました。これが人気を呼んだんで、もう一つマンモス座談会をやろうということになった。

終戦のときの「宮城事件」[*1]について、「あれはどういうものであったのかを関係者を全部集めてやろうじゃないか」と提案しました。「じゃあやってみろ」というんで、わたくしが中心でやるということになりました。その前から「戦史研究会」、正式には「太平洋戦争を勉強する会」という名でしたが、文春内でクラブをつくってコツコツ勉強していましたから、わたくし自身はかなり取材し調べて当時の状況はよく知っておりました。

＊1　終戦反対派の陸軍将校らが近衛第一師団長を殺害。偽の命令で近衛歩兵第二連隊を動かし、皇居を占拠した。

どういう人選をするかですが、「おまえに任せるから」ということで、勝手に人選をしましてね。断られた人が二、三人いました。ほかに吉田茂と町村金吾、事件当時の警視総監ですね。吉田さんは無理だと。ただ、談話でいいなら出席するという返事をもらっていた。町村さんは出るといっていたんですが、このときは北海道の知事だったので、当日知事としての急な用事ができちゃって出席できなくなった。それでは誌上参加ということで当時の思い出話を書いてくれますかといったら、書いてくれた。まだその原稿を持っていますよ。

宮城を占拠した近衛師団の相浦という中隊長がいたんですが、彼には断られちゃった。近衛師団側の人たちがどうしても外れちゃうんですね。そういう意味で不満は残りました。あとの人は快諾してくれました。午後四時ごろ集まったと思うんですが、場所は当時築地にあった「なだ万」です。大広間を借りました。

それですり合わせをやってみたら、みな結構しゃべるということがわかった。最初は参加した人たちが退屈するんじゃないかと思っていました。ほかの座談会と違って、自分の出番がないときが多いんです。そうしたらみなが本当に真剣に人の話を聞いてるんですよ。「あっ、これは案外皆さんは終戦時のことを知らないんだな」とわかった。そしてこの話は今聞いておかないと消えてしまうと強く思いましたよ。それで座談会が終わってから「インタビューを頼めば、個人的にしゃべってくれるんじゃないか」と思いました。

座談会では反乱軍側の大本営の参謀たちも欠けていたわけですから、この連中を入れないとだめだというんで、「太平洋戦争を勉強する会」で取材をしてまとめようじゃないかということになった。全員が賛成したんですけれど、いよいよ取材を始めたときにはほかの連中はみな忙しい。わたくしと竹中巳之《みゆき》君という人と安藤満君、のちに社長になった人ですが、この二人が「手伝ってやる」といってくれた。竹中君が宮内庁関係の侍従さん、安藤君は横浜の警備隊関係を取材しました。近衛師団関係、大本営関係、NHK関係はわたくしがやりました。

反乱側になった陸軍省軍事課の井田正孝中佐や軍務課員の竹下正彦中佐に話を聞きました。取材当時、竹下さんは自衛隊にいまして、幹部学校の校長だったかな。市ヶ谷で話を聞きました。井田さんは電通の総務部長になっていました。みな結構いいところにいたね。

それで書こうとしたら、文春の方で「せっかくだから本にしてやる」という。「本当ですか」というと「本当に出してやる」と。初めは本にするつもりなんかなかったんです。とりあえず記録に取っておこうということだった。それで本にするということになったんで俄然ハッスルして、どんどん手を広げて取材した。

あのとき反乱軍が近衛第一師団の森赳師団長を殺害した際、師団長室に入っていったのが井田と、のちに自決した椎崎二郎中佐と畑中健二少佐、航空士官学校の上原重太郎大尉。ところが、そのほかにもう一人いたんです。その話は原稿を書き終えたときになってポロリと出てきたんです。秘密の話が。それでその人をやっとつかまえた。鹿児島にいました。電話で取材をしたんですが、電話じゃカンジンのところがわからない。と、あとですぐに向こうから電話が掛かってきて、「逃げ隠れするわけじゃないが、自分の娘がもうすぐ結婚する。半年待ってくれないか」と頼んできた。でも単行本の締め切りがあるから待てないんですよ。まあ若かったせいもあるんでしょう、取材が完璧でないし、その人は抜かさざるを得ないということになったのです。

のちに『日本のいちばん長い日』が映画になったときに岡本喜八監督以下の人たちがわたくしの本を見ながら調べ直そうとしたらしいんです。当然その人のことが出てきた。岡本さんに呼ばれて聞かれましてね。「実は事情があって本では外したんだが、間違いなくその場にいた」と説明しました。

それで岡本さんは映画では師団長を切るシーンで、なぜか上原重太郎の名まで消して、架空の「黒田」という人物名を付けたんです。何かカン違いをされたらしい。映画が公開されてから何人もの航空士官学校関係の人から抗議がきましてね。なぜ上原の名を隠したのかと。「いいことをしたとは思わないが、命をかけてやったことなんだから、隠されるようなことを彼は望んでないはずだ」と。わたくしは映画とは直接関係ないんですけど、いちいちあやまることになった。参りましたよ。

原稿の執筆は出勤前にやりました。毎朝四時起きです。当時はデスクでしたから、会社ではちゃんと通常業務をしていました。それで酒を飲んだりもしていますから、夜遅いときもありました。でも気が張っていたんですね。毎日四時にはぱっと目が覚めました。

本の内容は事件当日の時間ごとに進んで行くんですが、これがちょうどよかった。朝の四時ごろのことを書かなきゃいけないところがあったんですが、毎朝外がうっすらと明るくなるのを見て「なるほど東京の朝というのはこういうふうに明けてくるのか」と自分で実感をしながら書くことができました。

昭和四十年の初めから書き出したんですが、ちょうど五、六月くらいからもう間に合わない感じになってきた。七月に本を出す予定だったから。「いちばん長い日」の二十四時間の最後のあと二時間か三時間分残して、締め切りがきちゃった。しょうがないので、二時間分を竹内修二君に書いてもらって、最後の一時間はわたくしが書きました。急いで書かなきゃいけなかったから、最後の方はみな短いですよ（笑）。あとからゲラで徹底的に直しましたけれどもね。

——時間経過に従って書いていくスタイルは最初から考えていたんですか。

調べていくと、八月十四日の最後の御前会議が午前十一時くらいに始まって、同十二時ごろに天皇が終戦の決断を下すんですよ。聖断です。天皇の玉音放送が翌日の正午ですから、ちょうど二十四時間のドラマが出来るということがわかった。これは二十四時間のドラマにして、一時間ごとに書いていったらおもしろいと思いました。だから初めからそのつもりでした。取材もそれに合わせて時間ごとに聞いていきましたね。例えば「井田さん、何時ごろ寝ましたか」なんてね。

執筆には半年かかったことになりますか。取材も半年くらい。一年がかりですね。これ専任だったらもう少し早かったでしょう。会社の仕事をやりながらですからね。朝しか書く時間がなかったんです。日曜日は別ですが。くたびれてきますから、休まないと続きません。

——睡眠時間を削るために工夫されたことは？

何もしませんでした。若さというのは頑張れるものですね。今のわたくしならとてもできませんね。朝四時に起きて、八時くらいまで書いて、朝飯を食って、会社へ出ていくというようなことを毎日。今ならできない。あのときは三十五歳でしたか。

——若いですね。

当時は月刊『文藝春秋』の編集長のすぐ下のデスクです。文春は若い会社でしたからね。本のゲラがいよいよできあがったときに、のちに社長になった当時の出版局長の上林吾郎という人が「社員の名前で出すわけにはいかないな。それにキミの名前じゃ売れないし」というんですね。「それじゃあ、太平洋戦争を勉強する会でどうですか」というと、「そんな長い名前の著者なんかいるか。だいたいそんな名前じゃもっと売れないよ」という。「じゃあ短くして、戦史研究会では」、「それだって売れない」っていうんですね。

上林さんは「いい名前借りようよ」というんです。ま、いってみれば業務命令ですね。無理やりでしたね。それで大宅壮一さんの名前を借りようってことになった。大宅さんに名前を借りにいって五万円払った覚えがあります。大宅さんはこの本の取材、執筆には一切関わっていません。一行も。ゲラも見ていませんよ。もし、あれが大失敗作だったら、大宅さんにたいへんな迷惑をかけていたところです。でも、ずーっと大宅さんの本だと思われていましたね。今でも思っている人が沢山いるんじゃないですか。

『ザ・ロンゲスト・デー』から拝借

——それまで知られていなかった事実がずいぶん書かれていたので、かなり反響があったようですね。

ものすごい反響でした。大宅さんの名前のお蔭で（笑）、当時のベストセラーになった。国民は知らなかったんだなあ、と思いました。ああいう形のノンフィクションが出たのは戦後日本で初めてじゃないですか。ただし印税は当時もらっていません（笑）。『日本のいちばん長い日』というタイトルは座談会のときにすでに考えていました。これはノルマンディー上陸作戦を描いた『ザ・ロンゲスト・デー』[*1]からタイトルも書き方も拝借したんです。あの本を読んでいましたから、この方法でやろうということで取材範囲をバーッと広げた。敵も味方も時間軸に押し込んでいくやり方はここから学んだんです。

でもこの本の日本語訳の題名は『史上最大の作戦』で、映画も同じだった。「それじゃあ、こっちでもらおう」ということにしたんです。それで「日本の」をくっつけた。あの本は英訳もかなり出たんですよ。仏語訳、アラビア語訳、朝鮮語訳もありますし、中国語訳もあります。全部で七ヵ国か八ヵ国語くらい訳されているんじゃないですか。

――あの本が出るまで、宮城事件のことはどれほど知られていたんですか。

録音盤奪取事件ということでは知られていたんです。ところが事実は録音盤奪取事件じゃなくて天皇の身柄を押さえるための反乱であるとは認識されていなかった。録音盤奪取というのはあとの話なんです。あとになってやむをえないから録音盤をとってしまえということになった。もともとの計画は宮城を押さえ、天皇を押さえて降伏決定の聖断をひっくり返す反乱を起こすというものだった。これは世の中に知られていなかった。今でもあの計画は少数の青年将校だけの計画なのか、阿南陸相などを巻き込んでの大々的な陸軍の計画なのか、疑問を持っている人はかなりいるんですよね

――文春社内の「太平洋戦争を勉強する会」はどういう経緯で作られたんですか。

わたくしが軽蔑されながら戦史をコツコツ調べていると、先にも話した安藤満君などが「わたしたちも一緒にやってみたい」といい始めました。それで社内にクラブを作って会

社から少し資金をもらうことにした。「戦争当時の人たちを会社に呼んで話を聞くことにするか」ということになった。戦史研究が好きな人を募集して、十五人くらい入ったんじゃなかったかな。昭和三十五年ごろには会はできていました。社員の数は少ないですから、最初は五人くらいでした。聞いた話が面白ければ雑誌に使うこともあったし、話をメモしてレポートを作って保存しておくことにしました。

皇道派、統制派や条約派、艦隊派[*2]という言葉は知っていましたが、実際どういうものかはわかっていませんでしたから、生き残っている人たちに会社に来てもらって話を聞いて質疑をする。ごく少ないですが謝礼も渡しました。二十回くらいやりましたかね。

「そういう真面目な会なら話します」といって、よく来てくれましたね。良識ある海軍軍人として有名な高木惣吉さん、元海軍大佐の大井篤[*3]さんなども来てくれて話を聞きました。

当時わたくしたちが知らなかった海軍の派閥のことも教えてくれました。米内・山本・

＊1　アメリカのジャーナリスト、コーネリアス・ライアンのノンフィクション『The Longest Day』。

＊2　陸海軍の派閥。陸軍で天皇親政のもとで国家改造を主張したのが皇道派、総力戦を想定して「高度国防国家」を指向したのが統制派。海軍では一九三〇年のロンドン海軍軍縮会議の際、軍縮条約やむなしとの立場をとったのが条約派で、これに反対したのが艦隊派。

＊3　海軍の良識派といわれ、戦後は太平洋戦争の失敗、教訓を説いた多くの著書を出版。

井上の三羽烏[*1]はむしろ非主流だったなんて全然知りませんでした。「ああ、そういうことですか」と。そういう意味では非常に役に立ちました。ただ、『日本のいちばん長い日』のような一つのものにまとめるつもりではなかった。あくまでも勉強しようという会でした。

作家への道

――『日本のいちばん長い日』以降の大きな仕事は？

そのあと四年後に編集長になっちゃったんですよ。編集長になったときからいっさいものを書かないことにした。雑誌の責任者なんだから会社のために一所懸命やらなきゃいけないと自分で決めました。編集長を終わるまではいっさい書かなかったんです。十二年くらい、いろんな部署の編集長をやりました。最初の編集長は『漫画讀本』という雑誌です。加藤芳郎さんなど漫画家と付き合いました。昭和五十一、二年ごろまでは書かなかった。

それで編集長を勤め上げて、管理する側に回って、暇になったわけじゃないけれど、毎日ボーッと会社に行ってもどういうもんかと思いましてね。わたくしはもともと人を使ったり差配するのが嫌いなんですよ。自分でコツコツやるのはいいんだが、上に乗っかってやるのは嫌だった。「こんなことしていてもしょうがない、何かやらないと」とは思っていました。

ということで、「他社の注文原稿でも引き受けるよ」ということにした。もっぱらプレジデント社の原稿をたくさん書いていました。編集長をやめて出版局長になってから書き出したんです。編集長時代も戦史の勉強は続けていました。旧軍人に会いに行ったり話を聞いたりすることはずっとやっていました。ただ、文春誌上に出ることはなかった。

――他社から原稿依頼がくるというのはどういうことですか。

プレジデント社の当時の社長が作家の諸井薫さんなんですよ。本名は本多光夫というんですが、飲み屋で会うんですね。それで飲んでいるうちに、「『日本のいちばん長い日』は実は彼が書いたんだ」というような話が出る。そうしたら本多さんが「半藤さん、そんなに書ける人ならなぜ書かないんだ」という。

「編集長という大事な仕事があったから書かなかった」という返事をしたら、「そんなもったいないことしないでやりなさいよ」ということになって、「注文がくればやりますよ」と答えたんです。当時、ビジネス誌の『プレジデント』は戦記、歴史ものをどんどんやって伸びている時期でした。それですぐに注文が来まして、どんどん書きましたね。

＊1　一九三九年の平沼内閣時代、海軍省の米内光政海相、山本五十六次官、井上成美軍務局長が中心となってドイツとの軍事同盟に反対した。

——文春本社はOKなんですか。

うちの会社は妙な会社で、そのころは許可願いを出す必要がなかったですね。「うちに書けよ」という話もなかった。不思議ですね。文春からは全然注文がなかった。そのうちに、堤堯君といういま雑誌の『ＷｉＬＬ』で盛んにやっている人ですが、彼が文春の編集長になったときに「半藤さん、外で書くよりうちで書いてくださいよ」といってきて、それで文春でも書き出したんです。堤君にせっつかれて文春で書き出したのは『聖断』[*1]が最初です。それが売れて、文藝春秋読者賞なんかもらっちゃったんです。

それから『ノモンハンの夏』です。わたくしが出版局長になってから司馬遼太郎さんと付き合いだしまして、司馬さんが「今度は参謀本部の歴史を書く」といい出した。「それは司馬さん、大仕事ですよ」といったんです。日清戦争から始まるから。

それでも「やってみる」というから、「ではお手伝いしましょう」ということで、やっているうちに司馬さんから「とても無理だ。だからいちばん典型的に参謀本部の失敗が出てくるノモンハンをやりたい」といってきた。「じゃあ手伝いますが、そのかわり原稿はこっちですぞ」「ああ、いいよ」となったんですが、司馬さんは方々に声をかけていたみたいですね。「おれのところでもらうはずだった」という人がずいぶんいますよ。

ノモンハンでいちばん奮戦して生き残った連隊長の須見新一郎さんという人がいるんです。もう亡くなりましたが。その人がノモンハンの激戦の中で勇戦力闘して、辻政信や服部卓四郎[*2]など関東軍の上の連中はとんでもないやつらだと批判した。参謀本部も批判して、結果的にその人は陸軍を追われたんです。その人の話を司馬さんと一緒に聞きました。かなり取材をしましたし、司馬さんも調べ上げて、取材は十分でもう書きはじめていいのではないかというときに「書かない」と言い出したんですよ。

「なぜ書かないんですか」と聞くと、「書けないんだ」という。「事情があるんですか」と聞いても、「とにかく書かないんだ。もうそういうものはおれはやらないんだ」としかいわない。お終いには「それを書けというのは、おれに死ねというのと同じだ」なんてハッキリ拒絶した。体の調子も悪かったのかなとは思うんですが。

それでノモンハンの話はいっさいしなくなりました。司馬さんが亡くなる前年の平成七年二月に東京で会いましてね。わたくしはもう会社を辞めていました。そのときも長い話をホテルオークラのバーでやって、午前一時ごろまで飲んだのかな。そのときもいろいろ話しましたが、ノモンハンの話はしませんでした。やはり体の調子が悪かったのかなあ、とも思うんですが「もう『この国のかたち』と『風塵抄』と『街道をゆく』の三本だけで

＊1　終戦時の首相、鈴木貫太郎と昭和天皇に焦点を当てた終戦ノンフィクション。
＊2　辻、服部はノモンハン事件当時の関東軍参謀。ソ連の実力を見誤り、近視眼的な独断専行で損害を広げた。ソ連側から「日本軍は兵は勇敢、屈強。作戦指導者は無能」と酷評された。

いいんだ」といっていましたね、最後のころは。

翌年の平成八年の二月に司馬さんが亡くなって、大阪のお別れの会に行って、列席して遺影を見ているうちに「司馬さん、あなたが書かなかったノモンハンを、わたくしなりのノモンハンとして書きますぞ」と司馬さんの写真に誓いました。

翌年、『別冊文藝春秋』の編集長に手紙を出しました。「おれに書かせてくれないか。ノモンハンの戦いの中には現代日本の官僚組織の悪いところが全部出ている。それをそっくりノモンハンの戦いで書けるから」と書いたんです。それでやらせてもらうことになった。これは四回連載だったかな。一回が百枚ずつくらい書いた。これが幸い大当たりしたんですね。

司馬さんがノモンハンを書かなかった理由

――司馬さんがノモンハンを書けなかったのはなぜだと思いますか。

大阪の司馬さんのお宅で「ノモンハンをどうして書かないのか」という膝詰め談判的な話をしたことがありました。そのとき、司馬さんが「まあ、ちょっと待て」といって、何か持ってきて「読め」という。それが先ほどいった須見新一郎さんからのいわば「絶交状」

だったんですよ。文面は正確には覚えていませんが、「あなたという人を信じてわたしは何でもしゃべって、何でも取材に応じたが、いっさいなかったことにしてくれ。わたしの話したことは全部消してくれ」という趣旨でした。

その理由は「あなたを信じていたが、あなたという人は文藝春秋誌上で瀬島龍三といかにも楽しそうに、彼のいうことを肯定的に受けとめて対談をしていた。あれは許せない。瀬島のような国賊的人間と仲良くするようなあなたを信じられません。絶交します」というはげしい内容でしたね。

これを読んで「ああ、これが最大の理由かな」と思いました。司馬さんがもしノモンハンを書くなら、須見さんを主人公にしていたでしょう。司馬さんの小説の主人公というのはみな潔く爽やかな人です。それから決して上に妥協しない。そういう主人公を立てる人だから、須見さんが一番いいと思っていた。その須見さんからこんな手紙をもらったということは、司馬さんにはかなりショックだったんじゃないかな。

それからわたくしは雑誌に載った司馬さんと瀬島龍三との対談を読みましたが、どうということはないんですけどね。迎合しているというい方をすればそうかもしれないけれども。でも、須見さんから見れば対談そのものが許せなかったんだね。「瀬島のような参謀ほど悪いやつはいない」と思っていたようだから。

だからといってわたくしが司馬さんになり代わってノモンハンを書いたというんじゃな

いですよ。わたくしも司馬さんのお手伝いをするために自分でも勝手に取材もしていましたからね。やると決めてから若干追加取材もやりました。

ただ、わたくしはノモンハンの戦いを個々の戦闘や兵隊さんがどうのこうのというより、参謀本部と関東軍の参謀たちのだらしなさ、インチキさを徹底的に取り上げてやろうと思った。だから、兵隊さんの方はあまり取材しなかったんですね。

いま思うと、どうせやるならソ連側をもう少し深く取材した方がよかった。ソ連側の話は出版されている文献でしか調べませんでした。もう少しきちっとやるなら、ソ連側の取材もしなきゃならなかったですね。

――ノモンハンといえば五味川純平さんの本が有名ですが、そのほかにはこの事件を扱った本はあったんですか。

わたくしがノモンハンを書いているときに、アメリカで横文字の大冊の本が出たんです。アルヴィン・D・クックスの『ノモンハン』という本です。ただ、それを一ページも見なかった。読むとそれに引きずられちゃうと思ったから。書きあがってから読むと決めた。もし読んでいたらかなり引きずられたでしょうね。翻訳で全二巻もの堂々たるものですから、ほんとうに詳しいんですよ。わたくしの本なんか問題にならないくらいに詳しい。この本は名著なんですよ。

『日本のいちばん長い日』は何もないところからやったんですが、ノモンハンは探せば五味川さんの本がありましたし、伊藤桂一[*1]さんも本を出していました。それでもわたくしの書いたノモンハンが読みやすかったようですね。『日本のいちばん長い日』流に書いてますから。五味川さんの本は読みにくいんですよ。資料をどかんとそのまま引用するから。どうってことない資料も長々と使いますからね。

わたくしのは資料は必要なところは使いますが、全面的におんぶはしてません。ただね、ソ連側のスターリンの意図がもっと出ていればね。わたくしはソ連側が公式に出していたその当時の資料しか見ていませんから。結構、向こう側の資料は出ているんですが、スターリン時代に書かれたものですから、スターリンを決して悪く書いていません。書き終わったころに、ロシアからちょろちょろ資料が出てきましたが、間に合わない。それがちょっと残念でしたね。

終戦で見えた日本人の性根

――「真珠湾」と「聖断」をテーマに本をお書きになっていますが、この二つの

＊1　作家。『静かなノモンハン』など戦記小説を多く手がける。

歴史的なポイントについて聞かせてください。

『日本のいちばん長い日』を書きまして、それから『聖断』を書いて、『ソ連が満洲に侵攻した夏』というのを書きました。そして、『原爆が落とされた日』という本も書いているんですよ。これはいまは優秀な文芸評論家となっている湯川豊君という文春の社員と一緒に書きました。湯川君が広島のことを書いて、わたくしは原爆がいかにして作られたかを書きました。日本もドイツもいかにして原爆を作ろうとしたか。アメリカで原爆が作られて日本の上空に落とされるまでを書いたんです。

『原爆が落とされた日』『ソ連が満洲に侵攻した夏』『日本のいちばん長い日』『聖断』の四つで日本の終戦、降伏をあらゆる角度から書きました。これは『日本のいちばん長い日』を書いたときから考えていたんです。原爆とソ連の侵攻と降伏までの流れをちゃんと書かなきゃならないと思っていました。

こんな風に終戦に関してはかなり研究しました。なぜそこまでこだわったかというと、戦争に負けたときほど日本人が、日本人らしさといいますか、精神の根っこをさらけ出したときはないと思うんです。日本がどういう国なのかということを考えるには、このときを見るのが一番わかりやすいと思ったんです。敗戦のときの人々の動きや考えていたことを調べれば、日本人とは何かがわかります。

そういうわけで、終戦に対して思い込みを強くして書いたんです。結果的には天皇の問題にさかのぼっていくんですが、天皇というのは日本人にとって何であったか、忠節とは何か、国家とはどういうものであるか、ということは、この終戦の前後の日本人の動きや心境などで非常によくわかりますね。それが日本の国体であり、近代日本の骨格であるということがよくわかるので、終戦をテーマにしたんです。

まあ、終戦のときはいろんなことがありましたね。バーンズ回答[*1]の「Subject to」を外務省は「(天皇は連合国司令官の）制限下に置かれる」と訳しましたが、陸軍は「隷属する」と解釈して、なおくわしい注釈も入れたんですね。「陸軍の中にもあのような狂瀾怒濤のときに素早く翻訳して注釈も入れてくる頭のいいやつがいたんだな」と思っていたら、何のことはないウェブスターの辞書をそっくり写していただけだったんです。それがわかって、やっぱり陸軍はたいしたことはなかった。外務省もこういう連中を相手にたいへんだったと思いますよ。

終戦というのは調べれば調べるほど面白いですよ。日本人のだらしなさも高貴さも出ますね。素晴らしい精神性を出す人もいました。卑怯未練な人もいた。鈴木貫太郎、米内光政、東郷茂徳、阿南惟幾などはなかなか立派な日本人らしい精神性を出しましたが、だら

＊1　ポツダム宣言で国体護持〈天皇制の維持〉について不明確だったため、日本側が照会。それに対するバーンズ米国務長官名の回答。

しない情けないのもたくさんいました。そういう意味で、いちばんのクライマックスのときに学ぶと日本人とは何かということがよくわかります。それで力を入れたわけです。

枕元に軍人の幽霊？

――開戦時はどうですか。

開戦については正直いってあまり興味がなかったんです。これは笑い話になりますが、カミさんによると、わたくしは眠っているとき、ときどきうなされるというか、神がかり的な大声をだすことがあるんだそうですよ。同じようなことはわたくしの家族の中にもあるんですね。ときどきお化けが出てくるんです。金縛りにあうんですよ、寝ているときに。以前、『戦士の遺書』という本を書いたんです。戦死した人たちの遺書だけを集めた本です。これは頼まれて書いた本なんです。二十数人分だったか、ある小さい雑誌に連載しました。二人きましたね、幽霊が。だれだかわかりませんが。永福町の家に住んでいるときでした。眠っているとね、コツンコツンと階段を上がってくる音がするんですよ。「あれ、だれか来たな」と思ってると、何者かが枕元に座るんです。心の中で「何ですか」と問うんですが、向こうは返事はしない。「わかりました、わかりました。ちゃんと書きますから」と心の中でいうと、向こうがわーっとかぶさってくるような感じになって、キーっと体が固まっちゃうんです。「わかった、わかった」とうなされていると、カミさんが起こすんですよ。「あなた、わけのわからない叫び声を上げてたわよ」というんです。こういうことが二回ありましたね。

山本五十六の話を書く前だったか、枕元に真っ白な洋服を着た人が座ったんですよ。そして黙って何かを訴えるんです。それでまた「わかった、わかった。書きます」と叫ぶ。それまで終戦ばかり書いていたけれど、開戦も一度書かなきゃいけないなと思っていたころです。それででしょうがない、約束したと思って『「真珠湾」の日』を書いたんです。開戦の本はこの一冊だけですね。

まあ、開戦の方はあまり教訓はないですよ。妙にうぬぼれのぼせて、ウソで固めた蜃気楼のような勝利の計画を立て、必勝の精神ばかり、みないい調子ですから。悪いところばかり出ています。もう少し常識的に、リアリズムで考えていれば、開戦なんてことにならなかったと思いますけれどね。追い詰められると常識的には考えられないものですね。米内さんの言葉を借りれば、「魔性の歴史」につき動かされていたのでしょうね。いまのわれわれにもそういうところはあるかもしれないけれど。やたらに「断固討つべし」とか「核武装せよ」とか強いことをいう人が多くなっているものね。とすると、開戦のときの日本人のあり方にも学ぶべきものがあるのかな。

日露戦争後の日本というのは、
あらゆる意味で墓穴を掘りだしたというか、
大国主義でいい調子になりだしたんじゃないですか。
もう少し日露戦争後をきちっと調べないと、
近代の日本、つまり大正、
昭和もよくわからないんですね。

第6章 ◎ 勝利で堕落した日本人

日露戦争でうぬぼれのぼせた

——明治の成功から昭和の失敗について。どこでおかしくなったのでしょうか。

明治の成功というのは軍人も政治家もジャーナリストも、みなそれなりの使命感といいますか、国家というものに対して「おれが救わなきゃいけないんだ」という気持ちで本気になってやっていた結果だと思いますね。そこまではよかったんです。司馬遼太郎さんが『坂の上の雲』でお書きになっているような、大きな意味の民族の意思として急坂を走ったと思う。

ただ、わたくしは戦争に勝ったあとに日本人というものはおかしくなったと思いますよ。だから司馬さんの書いている明治の人たちは、あそこまではいいけれど、あのあとにおかしくなっているんです。それをはっきり書いていないから『坂の上の雲』はあそこで終わってはいかん」とわたくしはよくいうんです。

司馬さんが生きているときから、「司馬さん、このあとをもう一冊書かなきゃ歴史にならないじゃないですか」といっていたんですよ。司馬さんは本のあとがきでさらっと書いているんですが、「あとがきみたいな形ではなくて、ちゃんと書かなきゃいけませんよ」といったんですが、だめでしたね。

明治四十年の九月に日露戦争の論功行賞が発表されています。戦争の功労者をみな公侯伯子男の華族にしちゃうんだ。陸軍の軍人さんは師団長以上、旅団長も入るかな。連隊長は入らないんですが、参謀長以上の人たちが対象になりまして、海軍は戦隊司令官ぐらいからです。陸軍は六十二人、海軍は三十八人。両方で百人。伊藤博文など官僚三十数人を入れて合計百三十数人が華族になっちゃうんです。

論功行賞だから華族になってもいいかもしれないが、そのなり方ですね。例えば東郷平八郎は伯爵に二階級特進。ほかも全部同じでボーンと上がって、大山巖あたりは公爵ですよ。また、乃木さんを二階級特進で伯爵にするため、参謀長の伊地知幸介を男爵にしないわけにはいかなかった。以下そういうふうにして、みんなして華族になっちゃった。

日露戦争というのはそんなに華々しい大勝利の戦争じゃないんです。大勝利は日本海海戦だけで、陸戦なんてひどい戦争ですよ。五分五分なんですよね。こちらはどんどん死んで、小隊長、中隊長、大隊長クラスがほとんどいなくなるくらい死んでいるんです。弾丸も消費し尽くしている。そんな戦をして、しかも戦費は全部借金でしょう。「ロシアをやっつけた」といっても、相手はまだ余力たっぷりなんですね。

そういう状態で終わったから、連合艦隊解散の辞じゃないけれど、「勝って兜の緒を締めよ」で、日本はいっぺんに世界の強国の中に入ったなんて思わずに、客観的に見て自分の国はどうなんだ、と真剣に考えなければならない時代だったと思います。それなのにそんなありさまだった。

そのために事実を隠した。完全に隠したんですね。海軍だけでいいますとね、日露戦争全体の戦を四年もかかってきちっと書いた『極秘明治三十七、八年海戦史』という百巻以上のものすごい大部の戦史を残した。三部作って、それを軍令部と海軍大学校と宮中に納めて世間に見せないことにした。その代わりに極秘ではない五巻か六巻くらいの海戦史を作って、それこそ「東郷さんが艦橋で微動だにせず手を振ったらT字戦法が大成功して」なんていう大成功の「物語」の海戦史が残ったんです。

陸軍もそうなんです。二百三高地の乃木さんの戦いがいかにアホな作戦であったかということは全部隠して、児玉源太郎[*1]がやってきて陥落したという話になる。つまりは白兵戦、突撃戦法でついに落としたと。乃木さんと伊地知参謀長を持ち上げるために、これがいかに見事であったかという形で記録を残したわけですよ。そのせいで「日本陸軍の華は歩兵の突撃にある」「白兵戦である」「夜襲戦である」なんてことが金科玉条で残っちゃうんですね。

そういう形で戦争というものを美化して、フィクション化して、真実を隠した物語だけ

＊1　日露戦争時の満州軍総参謀長。『坂の上の雲』では旅順攻囲戦で乃木の指揮権に介入したとされているが、確たる証拠はない。

が残りました。陸軍大学も海軍大学もそのあとの教育は全部そのようなものになった。専門家でもそうですからね。いわんや国民はみんなそうと信じた。そういう形にして、「いかにわたしたち民族が優秀であって勇敢であって作戦的にも優れているか」ということだけが残った。日露戦争が終わったあとの明治の日本人というのは、本当にうぬぼれのぼせ上がった、どうにも始末におえないような人たちが多くなったと思います。

岡義武[*1]さんの書いたものに基づいた話ですが、岡さんは日露戦争後の青年の精神傾向について論文を書いています。戦後の日本人の傾向は四つあるといいます。一つは学歴偏重、出世主義。二つ目は金権主義。金で爵位も買える時代が来た。いわゆる戦争成金ですね。三番目は享楽主義。それまでの臥薪嘗胆の一生懸命さ、真面目さを失って、みながいい調子になった。四番目はこれら三つの傾向に入らない人がニヒリスティックな虚無主義や厭世主義になった。それが国家に対する反逆という形でどんどん左翼化していくことになる。その論文は何も若い人だけではなくて、日本人全体に当てはまりますね。

ですから、日露戦争までの日本人と日露戦争後の日本人は相当違ってくる。この前に話した四十年興亡史観じゃありませんが、まさにこの後の四十年間、日本人の精神の中に今いった傾向がずーっと続いたと思いますよ、それを承知していなかったですね、わたくしたち日本人は。みんなそれで間違ってないと思っていましたよ。リアリズムを失ってしまって、みながいい調子になってしまった。

日本の凋落を予見した漱石

それをいちばん冷静に見ていたのが夏目漱石ですよ。漱石は明治三十八年の一月に『吾輩は猫である』の第一章を書いて世の中に出た人です。ですから日露戦争後の日本と日本人というものをずっと漱石は見つめていたんですね。明治四十三年に血を吐いて倒れちゃったあとの漱石はだいぶ変わるんですが、それまでの小説はまさに明治の悪くなっていく日本人の姿というものを文明批評的に書いています。

それが典型的に出ているのが『三四郎』の冒頭部分ですね。日本人がみんないい調子になっている時期に三四郎が熊本から東京へ出てきたとき、汽車の中で広田先生が「日本には富士山しか自慢するものがない」という。三四郎は「しかし、日本もだんだん発展するでしょう」というと、広田先生は「いや、亡《ほろ》びるね」というじゃないですか。有名な言葉ですよね。

まさに漱石から見ると、日本人はいい調子で上ずっているけれども、何ひとつ自分のものを作っていない。みな借り物だといっているんです。こんなことをつづけていると、日

＊1　政治学者。著書に『近代日本政治史』など。一九八六年に文化勲章受章。

本の明日はないということで、「亡びる」といったんですが、この予言当たっているんですね。あそこでリアリスティックにものを見ることを日本人全体が忘れてしまった。というより、そういうことを考えなくなってしまった。大正、昭和にかけて、うぬぼれのぼせて「日本人は世界に冠たる民族である」という形で有頂天になっちゃった。

軍人さんがそうなんですよ。大正・昭和の軍人たちは事実を教わっていない。司馬さんは『坂の上の雲』で日本海海戦を東郷さんと秋山真之参謀ら英雄による大勝利として描いていますが、実は危うく大失敗するところだってあった。それが『極秘明治三十七、八年海戦史』に書かれています。ところがそれをのちの人間はだれも見ていないんです。司馬さんも見ていません。司馬さんが大長篇を書いたときは世の中に出ていなかったから。なぜこれが世に出たかというと、昭和天皇の具合がだいぶ悪くなったときに「これを宮中に置いていてもあまり役に立たない。それより国民一般に見てもらった方がこれからの日本のためになる」というんで御下賜になったんです。今は防衛研究所の戦史室にどーんと置いてありますよ。見ることは可能です。ただこれは百巻余ですから、狙いを定めて見ないと大変です。わたくしもピンポイントで見ました。

前にも話しましたが、実は東郷さんも秋山参謀もバルチック艦隊は対馬海峡に来ないと一時は判断して、北海道の津軽海峡に全艦隊を移動させようと、その命令書まで書いていた。その経緯は極秘海戦史に全部書いてあります。そこで反対した提督が二人いました。

第二艦隊参謀長の藤井較一と第二戦隊司令官の島村速雄が「動く必要ない。ここに来る」といって頑張るんですよね。それで東郷さんが「先ほど出した密封命令の開封を一日待ちましょう」といって、二十四時間延ばします。それが成功した。危うく全艦隊が命令書を開封して北海道へ行くところだった。そうするとバルチック艦隊がウラジオストック港へ難なく入っちゃいますからね。そうなったら、あとは大変でしたよ。

そういうような事実は司馬さんは知らなかったんです。昭和天皇が亡くなる直前に世に出て、そのことが耳に入ってきて「じゃあ見に行くか」ということになって、わたくしは確かめに行ったんです。このときは司馬さんの耳には入らなかったんでしょうね。

それでも海軍大学では一時期この極秘の話を教えたことがあったようです。司馬さんは取材している間に、たくさんの軍人に会って海軍のことを聞いているうちに「実はあれは藤井と島村が反対したので成功した」という話が耳に入ったんだと思います。だから、『坂の上の雲』にはこの二人の名前が突然出てきて、東郷さんに詰め寄ったりしてますよ。ただ、書き方が変なんですね。全然乗艦が遠く離れているところにいる二人が突然、三笠に姿をみせ、東郷さんの前に出てきたりしておかしな話になっている。ま、小説ですからね。

日本人は日露戦争のあといい気になって、「勝った、勝った」と勝利に酔いのぼせただけだった。勝利というのは教訓になりませんね。そういう意味では、日露戦争後の日本人というものを、もう一度わたくしたちは見直して大教訓としなきゃいけないと思いますね。

日露戦争後を書くつもりが……

――日露戦争後に冷静だった数少ない日本人の一人、夏目漱石について半藤さんは多くの本を書かれています。末利子夫人は漱石の孫でもありますね。

文春の専務になって人事を担当していたんですが、いいかげんうんざりして、やめたかったんです。そして専務をやめて顧問になったときに「よし、会社をやめるのはもう間もなくだから、おれは物書きになる」と決心した。そのときに何を書こうかと考えました。

まず考えたのは日露戦争後の日本というものをきちっと書くということです。大正期のワシントン海軍軍縮条約[*1]を結ぶまでの日本をきちっと書いたら、司馬さんの『坂の上の雲』の続きを書くことになる。たぶんここがいちばん手薄なところだから、日本人は面白く読むのではないか。これを調べてやれ、と思ったんです。

ワシントン条約が主題となりますので、主人公は加藤友三郎[*2]と決めていました。でも加藤一本でやったら幅がないから、司馬さんの真似ではないですが、これにだれかをくっつけて日露戦争後の日本というものを大正十一年のワシントン会議まで描く。そうすれば凋落して行く日本を描くことになり、面白いと思いました。

そこで脇人物として夏目漱石を選びました。漱石が作家になったのはちょうど日露戦争のときですから。さらに石川啄木を入れる。もう一人、北一輝[*3]も入れることにした。

すごい構想になりましたが、このために久しぶりに漱石を読み出したんです。妻が孫だからということとは関係なく、書くために読み返したんです。読んでいるうちに、面白いなと思ったところをメモに書き出しました。どんどんメモしていった。わたくしの構想では漱石が文明批評をしているところだけを引用するつもりでした。

編集長を務めていてものを書いていなかった時代、文章の訓練も兼ねて年賀状として小冊子を出していたんです。文庫版で十年、新書版で五年続きまして、漱石のことを調べていたころは文庫版の豆本年賀状を出していました。漱石の本から取り出したメモをまとめると面白いものができると思って、小冊子の九冊目でしたかな、これを『漱石先生ぞなもし』というタイトルにしたんです。七百部作りました。たいへんでしたよ。作るのは楽なんだが、封筒に入れて切手を貼り宛名を書いて送るのが大変な作業でね。手伝わされたカ

＊1　一九二一年から二二年にかけてワシントンの会議で討議され、米、英、日の戦艦保有比率が5・5・3に決められた。
＊2　元帥海軍大将、第二十一代内閣総理大臣。一九二一年のワシントン軍縮会議の首席全権委員。海軍の軍縮を断行する。
＊3　思想家。『日本改造法案大綱』などを著し、二・二六事件の青年将校に影響を与えた。同事件の理論的指導者として逮捕、処刑される。

ミさんはかなり怒っていました。

そうするとある出版社の人が電話をかけてきて、「非常に面白く読んだ。これはもっとほかにも話があるんですか」と聞くから、「まあ無理すれば本一冊分くらいはあるかな」と答えたら、すぐに訪ねてきて書いてくれというんですね。「二百枚ぐらいでいい、そんな厚い本でなくていいから、是非書いてくれ」と。

それで「よし引き受けた」ということになった。このため、日露戦争後から大正時代を書くという構想がどっかにいっちゃって、漱石の方をまず書き出した。書いているうちに自分でも「これは売れるぞ」と思いだしたんですよ。今まで描かれてきた漱石像とまったく違うから。「則天去私《そくてんきょし》」*1のソの字もありませんからね。だからこれは新しい漱石として読者が面白く受け止めてくれて売れるかもしれんと思いましたね。そうなると、よその出版社にあげちゃって、あとで文春から文句が付くといけないと思って当時の文春の出版局長に「原稿を頼まれて書いたんだけれど、もしかすると売れるかもしれない。別の出版社にあげちゃっていいかどうか。社で必要かどうか判断してくれ」と原稿を渡したんです。そうしたら翌日電話がかかってきて、「あれはあげちゃいけません。うちで出しますから」ということになった。それで文春から出たんです。

案の定売れましてね、これが。ベストセラーになったんです。それでいつのまにか日露戦争後の日本を書くということがどこかへ飛んじゃいまして。にわか漱石専門家になっちゃった（笑）。

――漱石を書くにあたって、奥さんは協力されたんですか。

いや、全然。ただ、漱石の長女であるカミさんの母親の筆子[*2]さんとは二十年近く同居していたんですよ。漱石やその周辺についてはいろいろ聞いていたんです。漱石の弟子だった芥川龍之介について「いい男でしたか」とかね。そうすると「いいえ、それほど……。真実味のまったくない人でしたね」なんて答が返ってきた。そういうような話をたくさん聞いていましたから、いくらかは頭の中に入っていた。漱石については専門的にやるつもりはなかったんです。ワキの人物として取りあげようと思って調べていたんですが、それが主役になっちゃって何冊か本を出すことになった。

――ところで、奥さんとはどういう出会いだったんですか。

新潟の長岡で出会ったんです。彼女のお父さんの松岡譲さんが長岡の在の宮内というところの出身で、そこのお寺の長男でした。わたくしが疎開したとき彼女の兄が長岡中学で同級生にいたんです。当時は終戦間もないころですから汽車の本数がきわめて少なかったんです。学校が終わるのが午後二時半ごろで、六時過ぎまで汽車がなかった。最初のうち

＊１　小さな私を去って自然にゆだねて生きるという意味。晩年の漱石が理想とした境地。
＊２　漱石門下の作家・松岡譲と結婚。

は学校に残って勉強などしていましたが、毎日学校にポツンと残っていてもつまらないので同級生の家に遊びに行っては時間つぶしをするようになった。

松岡の家にも遊びに行って、ごちそうになったりしていた。そのとき彼女が小学校の五年生だったかな。それで松岡が「こいつは頭がいいやつだから何でも教われ」と妹にいうもんだから、宿題を教えたりしていた。彼らが漱石の孫であることは少しあとに知りました。

彼女の兄はその後NHKに入りました。酒が好きな男ですから、ときどき会って飲んでるうちに「そういえばおまえの妹どうした」というと、「いま東京に来てる」という。なんてことがあって再会するんですが、あとはご推察にお任せします。だからカミさんを子供のころから知っていたんですよ。わたくしとは五つ違いです。

国民に事実を知らせなかった明治政府

——漱石の話に戻りますが、日露戦争後に日本中が熱狂しているとき、どうしてああいうふうに一歩引いた視線で日本を見ることができたんでしょうね。

珍しい人ですね。驚くのはロンドン留学中に日英同盟が結ばれたときの漱石の考え方です。日本人はみんな無邪気に喜んでいるが、そんなものじゃない。イギリスにはイギリスの思惑というか国家戦略があるんだから、日本人が天下を取ったような気持ちになっているのは大間違いであるということをいっています。

それから、日本人が中国を馬鹿にしているときに、そういうものじゃない、中国という国は大変な国なんだというふうにいっています。東郷さんだって乃木さんだって、そんなに軍神扱いするもんじゃない、軍神なんていないんだ。人間というのは全力を尽くしてやれば、あのぐらいのことはできるんだと。これは明治四十年、新潟の高田での演説です。そんなのを見ると、この人はなんと冷静にものを見ているんだろうと思いますね。

漱石の『吾輩は猫である』は明治三十八年一月に第一章が出たんですね。ちょうど旅順要塞が落ちたときですよ。日露戦争のクライマックスで、このあとに三月十日の奉天会戦、五月二十七、八日の日本海海戦と、二つのクライマックスがあるんですが、いずれにしろ、そのときに漱石は文学の世界へ出てきたわけです。漱石の小説というのは、まさに日露戦争後の日本を書いている小説なんですね。そういう意味では、『吾輩は猫である』も『坊っちゃん』もみなその時代を背景に書かれていますよ。そして見事に文明批評がなされています。

とにかく日露戦争後に悪くなっていく日本人というものをきちっと見つづけた小説家なんです。だから、日露戦争後の日本を書くのにもってこいの作家だった。そういう意味で漱石の勉強を始めたんですが、それで書いた本が売れて、その後は註文も多くきて、まさか漱石の本を六冊も七冊も出すとは思わなかった。

――あの当時の日本人は漱石のいっていることを理解できたでしょうか。

理解しなかったんでしょうね。それはなぜかというと、日露戦争は「カッタ、カッタ（勝った）」と下駄の音ですからね。これがとんでもない認識で、勝ったんじゃない、ぎりぎりのところで戦争がやっと終わってくれたので、幸運中の幸運だったなんて、だれも思ってなかった。それが日露戦争が日本をだめにした最大の原因なんです。

これは外圧に対する恐れなんですね。まだロシアという国を滅ぼしたわけでも何でもないんですよ。ロシア陸軍の大軍はそっくり残っている。だから、いつ復讐戦に来るかわからないというところがありますから、上のほうの人たちはみんな戦々恐々です。「恐露病」という言葉が当時あったんですが、その言葉がいみじくも意味しているように、みんながロシアの復讐を恐れていたわけです。

それで、国民にはその実情を知らせないということにした。なぜかというと、日清戦争から日露戦争の間の十年間、臥薪嘗胆*1で山ほど税金を取って軍備費につぎ込んだ。だから、やっとこさ講和にこぎつけたなんていうことをいえないですよ。「勝った、勝った」で国民をなだめるしかなかった。喜ばせることが大事だった。

日清戦争の戦費は賠償金でまかなったんですが、日露戦争は賠償金なしですから、二十億円の戦費はそのまま残ったわけです。これはみんな借金ですから、返さなきゃいけない。まだ国民を安楽にするわけにいかないわけです。ですから、上に立つ人間は、「勝った、勝った」とあおっているけれども、依然として厳しくやらなきゃいけないというので、このあとの日本は俄然言論弾圧が始まりますし、大逆事件[*2]のように反政府的なものは押さえ込む形になってくるわけです。

いずれにしろ、実情というものを知らせないで戦争が終わった。そのときに漱石はじっとその日本の現実を見ていたわけです。いい気になって世界の強国の仲間入りをしたとか大国になったとかいっているのは間違っている、日本人というのは実は何にも創意工夫がないんじゃないかということですよ。

だから漱石は『三四郎』の冒頭で「日本は亡びる」といったんです。実に冷静にこの国を見ていたわけです。

――同時代で漱石と同じように日露戦争後の日本を批判的に見ていた人はいます

＊1　日清戦争の結果、日本は中国の遼東半島を割譲されることになったが、ドイツ、フランス、ロシアによる「三国干渉」により返還を余儀なくされた。このためロシア憎しの世論が高まり、復讐のため耐えようというスローガンになった。

＊2　一九一〇年、幸徳秋水ら社会主義者が天皇暗殺を企てたとして逮捕、死刑となった。政府によるでっちあげとされている。

か。

『一年有半』[*1]を書いた思想家の中江兆民などはちゃんと見ていたんじゃないですか。永井荷風もそうだったと思います。荷風という人は大体おかしな男だからね。漱石のようにまともに発言する人じゃなくて、どちらかというとくせのあるものいいをする人だから。

アジアを蔑視した日本

――日露戦争後に坂道を転げ落ちていくんですが、もしあそこで昭和への坂を転げ落ちない方策があるとしたら、どういう道があったでしょうか。

あそこで大国主義で行くのか、この際日本の国力というものをきちっと認識して小国主義で行くのかという選択を迫られたと思います。しかし、そのときは国民のほとんどが大国主義の選択に組した。漱石や荷風、石橋湛山など「小国主義の方がいい」という意見もあったんですがね。膨張主義はよろしくないという考え方はあったんです。

ただ、前にもいいましたがこの国は近代国家としてのスタート時から膨張主義、大国主義だった。なかなか修正できないんです。一番よくないのが対アジア政策です。日本の近代史を見ていくと、日露戦争後のアジアの問題ではひたすらがっかりするんですよ。

ちょうど日露戦争の真っ最中に孫文、章炳麟、黄興、陳天華、秋瑾、汪兆銘などのちに革命家になった留学生がぜんぶ日本に来ていたんです。中には亡命者もいました。それが一九〇五年（明治三十八年）の八月に日本で中国革命同盟会というのをつくって、日本をバックにして中国という国を立て直そうとした。このときの日本の政府の扱いは非常によくて、なかなか心の広い人たちも多かった。宮崎滔天[*2]らが彼らを援助したわけです。「革命おばさん」と呼ばれた、漱石の『草枕』のヒロインの那美のモデルになった前田卓《つな》という人もいました。中国人留学生をずいぶん援助した人で、漱石が「卓さんというのはそんなに偉い人だったのか」というので『草枕』を書いたという話もあるんです。ただ、卓さんは「わたしは小説に書かれているような人間じゃない、気に入らない」といって怒ったという話もあります。それは別としても、卓さんのような人がそうやって留学生を助けたということもあったわけです。このころ留学生が約八百人いたそうですよ。

それが日露戦争講和のポーツマス条約を結んだあとになると、たちまち日本政府は留学生取締令をつくるんですね。留学生たちはこの規定に怒ってストライキ騒ぎを起こしたりするんです。そして年がたつにつれて中国人留学生に対する弾圧は厳しくなっていきまし

＊1　中江兆民ががんのため余命一年半と宣告されてから書き始めた評論集。明治の国家、国民を徹底的に批判した。
＊2　浪曲師。日本での孫文らの活動を援助し、辛亥革命を陰から支えた。

て、一九〇八年にはついにぜんぶ日本から追い出してしまう。

中国で清が打倒され、中華民国が成立した辛亥革命が起きたのが一九一一年ですよ。新しい中国をつくる人たちと非常に親密な関係を持っていた日本が「おまえたちに用はない」ということでみんな追い出しちゃった。だから、せっかくあれほど親身になって援助したことがあったのに、まったくといっていいほど感謝されていない。これが日露戦争後のいい気になった日本人をいちばん象徴することじゃないかとわたくしは思うんですね。

もう一つ、ベトナムがあります。フランスの植民地だったベトナムでは、日本に学ぼうと「東遊運動」という留学運動がありました。一九〇五年の春、まだ日露戦争をやっている最中にファン・ボイ・チャウ[*1]という人が中心となって独立運動を指導していた人たちが日本の助けを求めて山ほど来たわけです。日本はこれに対して本当によく手助けしたんですよ。

それで慶応義塾じゃないけれども、「東京義塾」なんていうのをつくった。同じ黄色人種として日本の発展にすごく感激している。ファン・ボイ・チャウさんの本は平凡社の「東洋文庫」に納められています。

とにかくこの本で日本に感謝している。そういう人たちが一九〇八年には二百人を超えたんですね。ところが、こういう人たちに対しても日本は手を差し伸べていたのに、中国からの留学生を追い出したのと同じように、一九〇八年にこの人たちをも一斉に追い出すんです。フランス政府から「とにかくあれは困る」というような依頼があったと思うんです。日仏協約というのを一九〇七年に結びますから、どうもそれが影響したようです。

黄色人種が欧米列強に勝った。永遠にかなわないという迷妄を打ち破ってみせたのが日本だった。清国やベトナム、インドでもガンジーやネルーたちがものすごい影響を受けた。このとき、アジアの中の日本としてはチャンスだったと思いますよ。ところが、日露戦争後の日本は、彼らを全部たたき出しちゃう。「もうおまえたちには用はないんだ。自分たちは全然違う民族なんだ」という態度をとるんですね。

朝鮮の問題もちょっと話しておきますと、日露戦争の最中に早くも朝鮮を植民地にする準備をしているんです。徳富蘇峰[*2]がロンドンで外債募集をしていた深井英五[*3]に出した手紙に「朝鮮は間もなくこっちのもんだ。朝鮮は日本の植民地にする」というようなことを麗々しく書いているんですね。

＊1　ベトナム民族主義運動の指導者。日本を退去させられた後、中国で活動を続けた。著書に『ヴェトナム亡国史』。

＊2　明治、大正、昭和にわたって活躍したジャーナリスト。「国民新聞」を創刊。国粋主義的な言論活動のため、戦後はA級戦犯容疑をかけられた。

＊3　徳富蘇峰が主宰していた「国民新聞」の記者を務めた後、松方正義の秘書を経て日銀に入行。日露戦争時に外債募集のため高橋是清に随行した。のちに総裁。

すでに国土拡張欲といいますか、膨張主義といいますか、それがぐんぐん大きくなっている。残念ながら日露戦争後の日本というのは、あらゆる意味で墓穴を掘りだしたというか、大国主義でいい調子になりだしたんじゃないですか。ですから、もう少し日露戦争後をきちっと調べないと、近代の日本、つまり大正、昭和というものもよくわからないんですね。

紙切れが人の命より大事な世に

前にもいったことですが、もう一回強調しておきますと、日露戦争後の論功行賞から堕落が始まるんです。明治四十年九月に宮中において爵位の親授式というのがありまして、日露戦争を戦った陸軍六十二人、海軍三十八人、文官三十一人が全部華族になったんです。とくに功績のあった人は二階級特進です。乃木さんも東郷さんも日清戦争の功績があって男爵だったんですが、みんな殊勲甲によって子爵を飛び越えて伯爵になるんです。

彼らは功績があったんだからいいとしても、乃木さんを伯爵にするためには、伊地知参謀長を男爵にしないと格好つかない。そこで何をやったかというと、すでにお話ししたように陸軍も海軍も、てめえたちが華族になるために本当の戦史を全部隠したんですよ。

こういううぬぼれのぼせたことをやった。つまり、歴史を正しく残さない、歴史を隠蔽し、歪曲し、全部格好いいものに仕立て上げて、日本人がいかに世界に冠たる優秀な人間であるかという「神話」だけを創作したわけです。これがいけなかった。

しかも、もう一ついけないのは、旅順攻囲戦の白兵戦と突撃戦であんなに犠牲を出していながら、ついに落としたということで、白兵主義と肉弾突撃主義というのが「すごい戦術なんだ」として残ったんですね。それで明治四十二年に「歩兵操典」が大幅に改正される。それまでの火力重点主義を白兵主義プラス精神主義へと大転換した。日本海海戦だって、本当は大ミスの判断をしてバルチック艦隊を全部取り逃がしかけたところ、僥倖によってうまく対馬沖にとどまったために合戦ができたんです。

でも、そういうことは全部隠して、あそこで見事な艦隊決戦をやって勝ったという栄光だけが残った。それで太平洋戦争では「日本海海戦をもう一回やろう。もう一回日本海海戦をやれば勝てるんだ」という大艦巨砲主義の神話だけが残っちゃうんですね。

つまり、日露戦争後の日本というのは、あらゆる意味でそういう神話と美談、それにうぬぼれだけが残った時代だと思います。漱石はそれをいちばん嫌ったんですね。それは違うよ、そんなことをしていると本当のことはわからないよといって、小説で一生懸命に警鐘を鳴らしたんですが、だれにもわかってもらえなかった。

――様々な漱石評がありますが、そういう視点での評論というのはあまり聞いたことがないですね。

ないですね。わたくしが一人でいっているみたいです。漱石は明治四十三年に修善寺で大患を起こしますね。それまでの小説というのは『門』までで、『行人』とか『彼岸過迄』『道草』『明暗』などは大患以後の小説です。『吾輩は猫である』から『坊っちゃん』『野分』『虞美人草』などをへて、『三四郎』『それから』『門』の三部作までは文明批評なんですよ。ですから、文明批評として見るとものすごくおもしろい。姦通問題が世間で話題になったときは『それから』を書いているんです。競馬が始まったときは『三四郎』で金儲けの種として競馬が出てくる。というぐあいに社会情勢もそのときの問題も取り入れて、そういうものはおかしいんだということをきちんと書いているんですね。

深読みしすぎだといって笑われるんですが、『坊っちゃん』の中で、坊っちゃんが宿直をやっているとバッタ騒動が起きますね。そもそも学校の宿直制度というものは、漱石がちょうど松山中学校の先生をやっているときに盛んになったんです。なぜ宿直制度が盛んになったかというと、学校はそれぞれ教育勅語の謄本と御真影を大事にお守りしなきゃいけないというので、各学校が考えて宿直を置いたんです。

——宿直制度というのはそういう理由で設けられたんですか。

そうなんです。宿直というものを置いて、御真影と教育勅語を守るために各学校が必死になっていた。火事を出して御真影と教育勅語を燃しちゃったりすると、校長はただちに免職ですよ。学校が火事になって、校長が飛んできて燃えている校舎の中へ飛び込もうとするのをみんなに「だめだ、だめだ」と押さえられて、結局校舎は焼け落ちた。翌日、その校長は切腹して死んでしまった、という話もありました。

それが「校長の殉職」というので翌日の新聞にものすごい美談のように書かれています。これが明治三十一年の話かな。漱石が松山へ行ったのは二十八年で、三十一年ごろは五高の先生ですが、そういう話が日本じゅうで山ほどあったんです。切腹して死んだのは、長野県の上田の小学校の久米由太郎という校長で、作家の久米正雄のお父さんですよ。久米正雄が文壇に出た第一作が『父の死』という小説で、そのことを扱ったものです。

漱石はそういう世情に対して「紙一枚のためになぜ人間が死ぬのか。この国は何か間違っている」と批判的に見ていた。坊っちゃんがバッタ騒動を起こして、イの一番に飛んでくるのが狸校長ですよ。学校に火事が出たとでも思ったんですよ。それで「何だ、バッタ騒動か」というので安心しちゃうんだけど。

坊っちゃんは宿直を命じられているのに温泉へ行っちゃうんですね。途中で狸校長に会うと、校長が「宿直じゃなかったですかね」と嫌みをいうんです。それから山嵐に会うと彼が「おまえ、宿直なんだろう。宿直が表をブラブラ歩いていると大問題になるぞ」といわれます。

つまり、そのくらい天皇を機軸とした国家というものがどんどん拡大してきて、単なる天皇の写真である御真影が人の命よりも大事なものとして扱われるようになってきた。漱石は小説の中でそういう国家のありかたを批判的に描いています。そうやって見てくると、漱石という作家は端倪《たんげい》すべからざる文明批評家であることがわかる。それでつい漱石研究家のようになって、何冊も漱石本を出してしまった（笑）。本来の目的である大正時代を書くということをそっちのけにしててね。

事件では、
やはり満州事変と二・二六事件、
三国同盟でしょうね。
この三つが太平洋戦争までを
決定づけたんじゃないかと思いますね。

第7章◎昭和の失敗の教訓

「常識」の教育が忘れられていた

――昭和のエリート軍人たちの蹉跌《さてつ》の原因についてはどうお考えですか。現代の日本の教育、組織の欠陥にも通じると思いますが。

昭和の軍人たちの教育というと、最も優秀な人材を集めたのが陸軍大学、海軍大学です。ここで作戦本位の教育をするというのは当然なことですが、実態は全部自分本位なんですね。根拠なき自己過信にもとずく戦略・戦術論です。

まことに自分本位であり、「自分たちの考えているようにものごとはすべて進むんだ」という前提の上にしか成立しない考え方を教え込むんです。そうではなくて、教育の基本は常識的に筋道をたどっていける論理構造が頭の中にできるようにすることだと思うんですよ。

ところが全部主観的な発想でものごとを考えていくということが陸軍大学、海軍大学の教育の基本だった。背景には日露戦争の勝利体験があった。それがあらゆるところで間違いを起こす原因になりました。常識的にごく自然に考えれば、「そんなことありえないじゃないか」ということが、「ありえる」と思うような日本軍人の教育がなされたと思います。

現在もそうだと思います。あたりまえのことがあたりまえではないように教わっているのではないでしょうか。たとえば傘を差して狭い道を向こうから来る。こっちも傘を差していれば、お互いに傘を傾《かし》げる。「傘傾げ」という一つの礼法なんです。それがあたりまえだと思うんですが、ものごとをそういうふうに考えないでまっすぐ歩いてくる人がいる。お互いぶつかって、「なんだ」というようなことになる。これと似たようなところがあって、日常生活でごくあたりまえのことをきちっと教えるということが昭和の軍人教育に欠けていたと思います。

日露戦争の「勝利」はあまりにも大きすぎました。大勝ちしたという間違った歴史が残ったため、「われわれはものすごい力を持っているんだ」「戦いで勝利を最後に決定づけるのは精神力なんだ」という勘違いに陥った。

陸軍でいえば白兵戦、夜襲戦で勝てるんだということになる。そんな馬鹿な話はないんですよ。生身の人間が機関銃にかなうわけがない。さすがに人間だけでは無理だというんで、敵の機関銃をぶっ壊そうと戦車だけは作った。

ところが欧米諸国は戦車戦を第一次世界大戦で経験して、戦車の威力を骨身に知りましたから、戦車をつぶすためにさらに強力な戦車を作った。装甲の厚さも砲力と火力のバランスシートで争っていた。しかし、あまり装甲の厚い重い戦車を作ったら動かなくなりますね。ですから、軽快に動きながらも火力をものすごく持っていて、しかもある程度の厚みを持った戦車をどこの国も考えていた。

なのに日本は歩兵の突撃を有利ならしめるために、機関銃さえつぶせばいいという程度の戦車ですから、もうボカンボカンとやられますよ。ノモンハンで戦った歩兵さんによると「まるで豆腐のようだった」らしいですよ。

これは司馬遼太郎さんの話ですが、「戦車という名が付けば戦車なんだ」と当時の陸軍はいっていたそうです。これはどう考えても常識的じゃないですよ。常識的ではないことをさも素晴らしい考え方のように教え込んでいるんですね。いまでも日本人の教育の中にそのようなことがかなりあるんじゃないかと思います。

どうも昭和史全体を見ると、ごくごく自然なあたりまえの教育というものをまったく忘れていたということが根本にあると思います。かわりに精神主義が強調される。とくにわたくしたちの時代は軍国主義教育であったせいもありますが、天皇陛下は神さまで日本の戦争は全部正しい正義の戦であるとしか教わっていなかった。

さらに中学二年生からは勤労動員で駆り出されていますから、ろくな勉強もしていない。戦争の終った三年生の夏から慌てて勉強をしまして、それで五年生で卒業というわけです。戦後はそれまでの教育とは百八十度転換したわけのわからないことになったでしょう。今の七十五歳以上の人たちはそれほどちゃんとした教育は受けてないと思いますよ。

――おかしなことでも先人から受け継いできたことに疑問を持たず、思考が停止してしまうことは現代でもありますね。たとえば少し前まではスポーツの最中に水分補給をしてはいけないという「常識」がまかり通っていました。それが集団催眠だと思います。わたくしもボートを漕いでいるとき水を飲まなかったですね。暑いなか漕ぎに漕いで汗なんかびっしょりなのに。猛練習しますから、一貫目（約四キロ）くらい体重が減りますよ。それでも水を飲まなかったなあ。「疲労が増す」っていうんですよ。でも常識的に考えるとありえないですよね。水分不足が身体にいいわけがない。ことほどさようにつまらないところで、実に神がかり的な教えがそのまま伝わっていくんですね。昭和史という大経験を経て戦後の日本人はすっかり変わったのかと思ったら、「そうでもないな」と思うところはずいぶんあります。

近衛文麿の無責任

——昭和期の日本を歪めた大事件、あるいは人物を挙げてみてください。

事件では、やはり満州事変と二・二六事件、三国同盟でしょうね。

簡単に言えば、満州事変というのは日本の侵略戦争です。それを完全に糊塗しただけではなくて、正義の戦として国家が認めてしまい、事変を起こした軍律違反の犯人どもを全部栄転させた。あれから軍部は「要するに勝てばいいんだ」「勝てば官軍」というふうになったと思います。

二・二六事件はひと言でいえば「恐怖の梃子《てこ》」ですよ。あの恐怖の梃子が抜き差しならないぐらい大きな形になってくる。何かといえば陸軍の上に立つ人は「わたしたちはいいが、部下の方がどう出るか」と脅すんです。たいていの人はおじけ震えますよ。

これはもう最後の最後まで、終戦のときまでそうですからね。昭和天皇でさえ、「わたしが開戦のときノーと言えば、たぶん軍がクーデターを起こしただろう」と『昭和天皇独白録』[*1]でいっているじゃないですか。内大臣の木戸幸一なんかはおびえっぱなしです。それを恐れずに終戦に持ち込んだのは鈴木貫太郎だけです。

それから、三国同盟は太平洋戦争を決定づけましたね。すでにヨーロッパで戦争を起しているナチス・ドイツとの同盟を結んだ瞬間から、ほかの道を選ぶ選択肢がうんと狭まったと思います。歴史というのは、大事な転換の局面でどちらを選ぶかという選択の連続ですから、このときにもうほかの選択肢はないくらい窮まったと思いますね。事件を挙げれば、この三つが太平洋戦争までを決定づけたんじゃないかと思いますね。

人物を挙げると、やはり責任者としては近衛文麿と松岡洋右と伏見宮博恭王、そして東

＊1　昭和天皇は開戦の決定について「若しあの時、私が主戦論を抑へたらば、陸海に多年錬磨の精鋭なる軍を持ち乍ら、ムザ〱米国に屈伏すると云ふので、国内の与論は必ず沸騰し、クーデタが起つたであらう」（『昭和天皇独白録』）と述べている。

条英機でしょうね。

近衛さんは最近擁護する人がやたらに出てきましたけれども、残念ながら擁護はできない人ですよ。なぜかというと、いちばん肝腎なとき無責任です。いちばん無責任。とにかく何かやっても自分があとでやり直せばいいなんて思っている人だから。

たとえば「蔣介石を対手にせず。国民政府を対手にせず」*1などという声明を出しても、まずかったらあんなものはあとで取り消せばいいと思っているんです。それが可能だと思っている。すべてその調子です。

それじゃあ本気になって死ぬ覚悟で取り組んだかというと、何も取り組まないんですね。開戦前にルーズベルトとのトップ会談*2を策しましたけれど、本気だったかといえば、違うような気がしますね。格好づけじゃないかと思いますよ。

終戦前、ソ連を仲介した和平工作のときに近衛特使問題があって、近衛さんが中心になって考えたソ連に差し出す「お土産」*3はひどいですよ。あれは許しがたいですね。何から何まで全部ソ連に上げるといっているんですから。樺太だろうが満州だろうが。あれはソ連には伝わってないという説があるんですが、わたしはソ連は知っていたと思いますね。ああいうものを見ていきますと、近衛さんのやっていたことはまったく無責任です。

松岡洋右は日独伊三国同盟の元凶ですが、それ以外にも昭和十六年四月に日米の交渉当事者たちが集って何度となく意見を交換し、調整してつくりあげた「日米諒解案」を木ッ端微塵にした。この罪は重いですよ。南方資源の開発には日本が当たりアメリカが協力する、満洲国も承認する、日中戦争も協力して早期の収拾をはかる、そういう日本にとっては夢みたいな条件が記されていた。それを松岡はぶっ壊した。

松岡は自信家なんでしょうね。いずれ日独伊とソ連の四国協定を結び、対米交渉をオレがやって見事に解決してみせる、なんて豪語してね。その直前のヨーロッパ旅行で、ヒトラーやスターリンと会って渡り合って、堂々と議論し、大きな土産として日ソ中立条約を結んできた。その自信が恐いものなしとなっていたんでしょう。その上に、野村（吉三郎）大使ごとき外務省と無関係なやつに手柄を奪われてたまるもんか、という狭量がアカンのです。長州人的狭量（？）というべきなのかな（笑）。

もう一人は伏見宮ですね。これは海軍を悪くした人です。昭和の初めに軍令部をうんと格上げして、総長というものを置いた。伏見宮が総長になり、何となく海軍大臣より上位

＊1　日中戦争の和平交渉に行き詰まった近衛首相は一九三八年一月十六日、「爾後國民政府ヲ對手トセズ」との声明を発表。戦争は泥沼化していく。

＊2　太平洋戦争開戦の年の一九四一年、日米交渉が行き詰まる中、近衛首相はルーズベルト米大統領とのトップ会談で打開を図ろうとするが、断られる。

＊3　和平の特使として近衛らが作成したソ連との交渉案は海外領土のほか、沖縄、小笠原諸島、北千島を放棄し、日本兵を労働力として提供するというものだった。

につき、昭和十六年まで務めたでしょう。それで何をやったかというと、海軍の人事をでたらめにしましたからね。開明的な、海軍を支えてきた人材を次々に首にした。ああいうことをやる人を海軍はトップにいただいてしまった。

太平洋戦争の主役は海軍で、その海軍がとにかくこんなにだらしなくなっちゃったのは、伏見宮のせいですよ。とにかく伏見宮は山本五十六や井上成美、古賀峯一などの海軍の良識派はみんな嫌いで、対米関係が悪化するとぜんぶ海軍の中心から外しちゃった。これはよくなかったですよ。

それから、やはり東條さんですよね。東條は危機のときの宰相でもなければ、戦時の宰相でもない。戦時中の東條さんの演説などをたくさん見ましたけれども、実に空虚なものです。やはり昭和の日本をだめにした代表を選ぶとするとこの四人じゃないですか。

――東條が陸軍であそこまで登りつめたのは、下から見たら扱いやすいという面もあったんでしょうか。

そう思いますね。ひと言でいえば官僚なんでしょう。軍官僚としては、実にみんなが扱いやすかったんじゃないですか。東條は永田鉄山[*1]が死なきゃ出てこなかった人です。永田鉄山が死んだばかりに出てきちゃったんです。幸運というのかな。いや日本国民にとっては不幸だったというしかない。

日本中が「八紘一宇」一色に染まる

わたくしは日本人が思想的にどうにもならなくなったのは昭和十二年五月に出た『国体の本義』だと思います。天皇機関説撲滅運動と国体明徴運動[＊2]のあおりを受けて出版されたものですが、この『国体の本義』の中に「大日本帝国は、万世一系の天皇皇祖の神勅を奉じて永遠にこれを統治し給ふ」とあります。これ以後、日本の言論を縛ったのは、全部この「皇祖の神勅《しんちょく》」なんです。天照大神《アマテラスオオミカミ》以来の神勅ですね。

そして「大日本帝国は、万世一系の天皇皇祖の神勅を奉じて永遠にこれを統治し給ふ。これ、我が万古不易の国体である。而してこの大義に基づき、一大家族国家として億兆一心聖旨を奉体して、克く忠孝の美徳を発揮する。これ、我が国体の精華とするところであ

＊1　陸軍統制派の中心人物。その英才ぶりから「永田の前に永田なく、永田の後に永田なし」といわれた。軍務局長だった一九三五年八月十二日、局長室で皇道派の相沢三郎中佐に斬殺される。

＊2　一九三五年、天皇を統治の一機関ととらえた美濃部達吉東京帝国大学名誉教授の学説が「国体に背く」として排撃運動が起きる。これを受けて、日本は天皇が統治する国であることを明確にすべきという運動が広がり、政府も機関説を否定する声明を発表する。

る」とされる。ここから先の日本の言論というのは本当にひどくなって、自由な言論がなくなってしまった。

これが考え方の基本になりまして八紘一宇[*1]という思想が出てくるんです。八紘一宇がことさらに強調されてくるのが昭和十五年一月です。国民が飽き飽きしてきた支那事変、日中戦争の意義付けに利用するんです。

「今事変の理想が、我が肇国《ちょうこく》の精神たる八紘一宇の皇道を斯界に宣撫する一過程として、まず東亜に日満支を一体とする一大王道楽土を建設するにあり」。こういうふうに始まる文書があります。

さらに十五年八月一日に近衛内閣から『基本国策要綱』[*2]というものが発表されます。十二年の『国体の本義』から十五年八月の『基本国策要綱』までの間というのは八紘一宇運動の真っ盛りなんです。

『基本国策要綱』では大日本帝国の大方針をこう述べています。「皇国の国是は八紘を一宇とする肇国の大精神に基き世界平和の確立を招来することを以て根本とし先づ皇国を核心とし日満支の強固なる結合を根幹とする大東亜の新秩序を建設するに在り」云々。

戦時下日本の国の、あらゆるものが全部この一点に集中する。肇国の精神なんですね。皇国が始まったときからの精神、天照大神以来の精神がこれなんだと決められた。戦争中はほかの考え方は一切なしです。そして大東亜新秩序を建設する。これは太平洋戦争を戦ういちばん基本の原動力ですから、ほかの考え方はまったく認められない。

でも、八紘一宇の国是、大方針というのは、あまりにも空想的といいますか、ひとりよがりで現実的ではなく、何か頼りなかったですね。

統帥権が悪かったのではない

――よくいわれることですが、破滅への転換点、ここで違う選択をしていれば破滅は防げたのではないかというポイントについてお聞きします。様々なポイントがあったとは思いますが、ここだという地点はどこだったでしょうか。

わたくしはやはり昭和十五年九月の日独伊三国同盟だと思います。三国同盟と同盟締結の前月に発表した第二次近衛内閣の基本方針『基本国策要綱』が問題ですね。

――もし三国同盟を結ばなければ、どのような道があったでしょうか。

＊1　日本書紀の「掩八紘而爲宇」（あめのしたをおおひて、いえとなさむ）からとった言葉。日本を中心として世界を統合するという意味で、戦時中のスローガンに使われた。

＊2　第二次近衛内閣で閣議決定された政策方針。大東亜共栄圏の建設方針が強調されている。

同盟を結ばなければヨーロッパの第二次世界大戦に関与する必要はないわけです。松岡洋右外相の構想は日独伊にソ連も組み入れて四国同盟にして、米英のアングロサクソン陣営と対抗するものだったといわれていますが、実際はそんなもんじゃないですね。あれはそんな大きな夢みたいな構想が実現できると考えて結んだものじゃなくて、ドイツが勝つと思っただけですよ。もしソ連を組み入れる構想が本筋であったなら、独ソ戦争が始まったときに三国同盟を解消すればよかったんですよ。いや、すべきだったんですよ。解消すれば、日米交渉もあんなに複雑なことにならなかった。

独ソ戦争が始まったときに日本は同盟を脱退する選択をすればよかった。それは国際法的に正しい選択でしたよ。脱退しなかったのは、ドイツが勝つのを当てにしていたからです。人のふんどしで相撲をとっちゃいかんのです。あそこがポイントだったと思いますよ。もちろんそれ以前の日中戦争をなぜやったかという大問題もありますけどね。

――よく統帥権が昭和の歴史を振り回したといいますが、統帥権が悪いというのはちょっと奥歯に物の挟まったような感じがします。もとをたどれば天皇制といいますか、大日本帝国憲法のいびつさではないでしょうか。これが明治期にはうまく機能したかもしれないけれども、昭和になって制度疲労を起こしたのかなという気がします。

司馬遼太郎さんは統帥権が昭和の日本を悪くした元凶であるといっていますが、あれはいい方がちょっとおかしいと思います。「統帥権というのは本当に悪いものですか」とあえて問えば、もしかしたらそれほど悪いものじゃないかもしれませんよ。

つまり、天皇陛下の意見を聞いて、許可を得て軍隊を動かすということをきちんとやっていれば問題はなかった。日本の場合はこれを無視してやったことがよくなかった。それはいかんとしても、そのもとの統帥権自体を元凶とはいえないいんじゃないですか。

じゃあ、どこが悪かったのか。今いったとおり、運営する人間が悪いんです。これを無視したり、これをインチキに解釈したりする。運営している人間が悪いということは、要するに軍中央部が悪いんじゃないか、参謀総長が悪いんじゃないか、幕僚が悪いんじゃないか、ということになるのであって、統帥権そのものの罪ではないと思いますよ。

すなわち幕僚政治というものが悪いのであって、統帥権の罪にするのは気の毒じゃないかと、わたくしは時々思うときがあるんです。問題は「統帥権干犯」という言葉です。これは北一輝が作ったといわれていますが、それをうまく陸軍が使い出したことです。

その上に、なぜ日本の国はこんなに乱れたのかとなると、統帥権に乗っかった政治家がいるわけですよ。政党が権力奪取のために統帥権をうまく使ったんです。もちろん昭和十四年ごろからは政党なんてないも同然の状況になりますが、昭和の初めのころの政友会と民政党の二大政党の権力争いのときは、統帥権干犯が大問題になった。

話は昭和五年のロンドン軍縮会議にさかのぼるんですが、あのときに一番先頭に立って統帥権干犯問題をいい立てたのは犬養毅と鳩山一郎でしょう。ああいう野党の雄弁家が政敵の内閣を追い詰め、自分たちが天下を取るために統帥権を利用したんですからね。政友会は政権奪取のために軍部をうまく利用した。で、二大政党制が日本に合っていると思ったら大間違いなのではないかと考えるのです。統帥権のようなものがあると倒閣のために使われますよ。

だから、統帥権そのものに罪があったんじゃなくて、それをうまく使った人間たちが悪かったと思います。

天皇が上か、大元帥が上か

——大日本帝国憲法は天皇の絶対権力を規定しているように見えますが、実質は天皇が思いどおりに権力を行使できないようになっていますね。そうすると頂点が空洞化しているといいますか、国家としての頭がないような気がします。

そうなんです。とくに昭和は頭がなくなっちゃったんだよね。

——すると、手足が勝手に動き出したら制御する者がいないということになる。

そういうことです。大井篤という海軍の大佐がいて、八月十五日の終戦の詔勅が出たときに護衛艦隊総司令部の作戦参謀でした。彼はただちに戦闘行為をやめよという命令を出して横須賀から海軍省に出てきた。

すると、海軍省軍務局の柴勝男大佐というものすごい親独派で対米強硬論者の参謀が「へっぴり腰の弱い天皇陛下は降伏したが、大元帥《だいげんすい》陛下はまだ降伏していない。われわれは大元帥陛下から降伏の命令をもらっていない。それを貴様は戦闘行為をやめろと電報を打ったとはけしからん。すぐ取り消せ」という。

大井は「何をぬかすか。天皇陛下のいっていることは大元帥陛下の命令より上なんだ」と怒った。それに対して柴が「何をいっているか貴様、そんなことがあるか。天皇陛下と大元帥は別だ。同等だ」というので、「馬鹿野郎、違うんだ。天皇陛下の下に大元帥陛下という家来がいるんだ」といって議論をやったというんです。今になると笑い話だけどね。

軍人さんでさえ終戦のときにそういう議論をしているということは、この国は、昭和になって、いちばん大事な統治権を持っている頂点の「天皇」がどこかに飛んじゃって、「大元帥陛下」と「天皇陛下」が並列したまんまだったんです。

ですから、統帥権干犯問題などが起きると、内閣では何にもできない。こっちの「天皇陛下」は何にもできない。これは内政と外交を見る天皇陛下で、戦争や軍事を統括する「大元帥陛下」とまったく別人格なんです。統帥権には内閣が関与できないことになっている。

しかし、本当は内閣側の「天皇陛下」と統帥権側の「大元帥陛下」の上に立つ「大天皇陛下」がいたはずなんです。すべての権力を持っている天皇が昭和になったときにはいなくなっていた。みんなして自身の意思を言えないように押さえ込んで、いないようにしちゃったんだね。

明治のころはいたんですよ。前に話しましたが、伊藤博文が韓国統監で出向くときに軍隊を指揮できるようお願いに行くと、大天皇陛下が大元帥陛下になりかわって、山縣有朋に今度だけ許してやれと命令することができた。

――明治は国家として所帯が小さかったから、人間関係で処理できた面もあるんでしょうね。昭和になると天皇が官僚機構の歯車になってしまったということでしょうか。

おっしゃるとおり、天皇は機関の一つですよ。全否定された「天皇機関説」そのものであったんですよ。その上に、統帥権というものが憲法できちっと定められていなかった。なぜ定められてないかといえば、統帥権は憲法以前から存在していたからです。

憲法は明治二十二年にできましたが、統帥権はすでに十一年にできています。「朕は汝ら軍人の大元帥なるぞ」という軍人勅諭は十五年に出ていますから、軍事というのは独立なんですよ。だから、憲法の中に入れようとしてもうまく入らないから、「天皇ハ陸海軍ヲ統帥ス」「天皇ハ陸海軍ノ編制及常備兵額ヲ定ム」という、どうにでも解釈できる二条しか入ってないんです。

がっかりする昭和の人材難

――昭和の前期は話していても楽しい日本人は少ないようですが、強いて今の時代でも見習うべき立派な人を挙げるとしたら、どのような人がいたでしょうか。

昭和という時代を考えるときは、日露戦争後の時期から見なければいけません。日露戦争後に日本人はものすごくうぬぼれのぼせたというか、世界五大強国の一つになり、一等国気分になっちゃったんですね。ほとんどの人が一等国意識で「日本人は世界に冠たる国民である。これからは大国主義でいく」という方向に向かってしまった。

そのときに、「いや、この国はそういうものじゃないよ。資源もないし、地政学的にもほかの国よりもよっぽど弱い国なんだ」と日本の置かれている現実、真の国力や国情をきちっと認識して、日本の新しい行き方をしっかりと考えた人は明治の終わりごろにはほとんどいなかった。これが不思議なんです。どうしてあんなにみんながうぬぼれのぼせてしまったのかなと思います。勝利の栄光は人間を変えてしまうのでしょうか。

もちろん夏目漱石や石橋湛山など、ごく少数の人が「これじゃいかんよ」ということはいっているのですが、大方は大国主義、膨張主義を支持しました。大評論家である徳富蘇峰もそうですし、もともとはそうでもなかった人がみんなそっちの方向へ行ってしまいました。長谷川如是閑[*1]だって少々危なかったんじゃないかな。あの時代、日本人は何かものすごくでかい夢を将来に抱いたと思います。

それを昭和になっても引っ張ってきてしまった。いや、もっと大きくふくらませてしまった。問題が次から次へ起きたとき、これをどうすべきかをしっかり考えなければいけないのに、「いや、みんなが一致して戦えば日露戦争の国難にも勝てたのだから大丈夫」というような勝利体験だけでものごとを判断してしまった。

もし満州事変を起こさなかったらどうだったろうか。侵略主義で満州事変などというものを起こして、植民地をつくろうなどというでっかいことを考えずに、これまでの日露戦争以来の権益を護持するだけでいいと考えたとしたらどうだったか。もう一ついえば、植民地についても余計なことをせずに、台湾と朝鮮という権益だけを維持して生まじめに、その国の人々の心情に思いやりを寄せつつ、植民地統治をすればどうだったか。

さらに、ナチス・ドイツなんかに乗っからないで、つまり世界大戦の仲間に入らないようにして、国際情勢を何とかうまく切り抜けていったらどうだったろうか。

しかしながら、それでもインド、ベトナム、フィリピン、インドネシアなどの国々で独立運動、植民地脱却運動はどんどん起きたでしょうね。二十世紀は十九世紀の植民地主義、帝国主義の時代を清算する、民族自立の時代が到来した世紀だったんです。

もし日本が満州事変のようなことを起こさないで、石橋湛山がいうような小日本主義でじっと穏やかに静かに国を維持していても、やっぱり植民地独立運動が台湾と朝鮮に起きて、日本は危機に陥ったかもしれません。近衛文麿や松岡洋右、広田弘毅、それに軍人たちの力量からすると、とても処理しきれなかったと思います。明治と比べると、昭和の人材は人間的にも相当落ちていましたから。

そう「もしも」を考えると、近代日本の歴史はスタートのころから大国主義になって、植民地をガーッと押さえて拡大していくような形を歩むよりほかに動きがとれなかったのかなと思わないでもない。そうすると、昭和の時代に素晴らしい人材がいたとしても、おそらく何も変えられなかったかもしれません。がっかりするところではありますが。

——第二次大戦に参加しなかったとしたら、大日本帝国は続いたでしょうか。

続かなかったでしょうね。おそらく、ものすごい大問題が方々で爆発したでしょう。朝鮮、山東、台湾など、いろいろなところで民族独立の大運動が起きて、これに対して弾圧をやらざるを得ないことになる。もっと侵略主義的な日本を現出させて、後世には申しわけないような形になったのではないか。そんなことを思わないでもないのです。

＊1　明治から昭和にかけて活躍したジャーナリスト、自由主義者。

——もっと極端なイフをいいますと、共産化の可能性はどうだったでしょう。

それはなかったという気がします。そこで天皇なのです。歴史のイフは丁寧に条件を整えないと成立しません。これまでは天皇を抜きにしゃべりました。天皇を組み入れて考えると、イフの想定も様々に考えられますね。

話は変わりますが、先日、山本五十六と米内光政について、ちょっとおもしろい話を見つけました。山本五十六が昭和十六年に米内光政に出した手紙の話です。その手紙自体は残っていないのですが、米内さんがある人に出した手紙の中に、山本が書いてきたことが引用されていたんです。それによると「このままでは戦争になるから、戦争を起こさないようにするために米内さんを軍令部総長にするよう伏見宮に進言したら承認された」という内容だったようなのです。十六年の初めのころか、十五年の暮れぐらいの話なんでしょう。山本は戦争をしないためには、それしかないと考えた。

このころ米内さんは現役ではありませんから伏見宮に会えなかったのですが、山本は連合艦隊司令長官ですから会えたのでしょう。軍令部総長の伏見宮が次は米内でいいとオーケーを出した。本当かいなと思うのですが、米内の手紙には山本がそう書いてきたとある。伏見宮はその後、山本を裏切ったというか、すっぽかして自分が辞めるとき永野修身を軍令部総長にしてしまいました。米内の方では山本を海軍大臣にしようという運動をひそかにやっています。戦争を止めようと、それなりに一所懸命やっていた人たちはいたんです。

――政府の中枢部にいる人たちや一部のインテリなどは国民が知らない情報を持っていて、国際情勢もよくわかっていたでしょうけれども、大衆レベルではまったく伝わっていなかったでしょうね。

大衆レベルどころか、学者だってわかっていなかった。

――そういうごく一部の人たちでは、戦争への流れを防ぎ切れなかった。

そう思います。だから、情報というのは、うんとオープンにして広げておかなければいけないんです。「これはすばらしい人で、こういう人がもっといれば戦争は防げた」と書いたりしますが、結局は米内さんのいう「魔性の歴史」の時代で無力だったでしょうね。その立場においてそれなりに全力を挙げて戦争を防ごうとした人はいたと思います。しかし、それがものすごい勢いで流れていく歴史が進む方向を変えることができたかといえば、できなかったと思いますね。

他民族のことを学ばない自己中心史観の愚

――昭和の歴史は、今でも教訓とすべき材料がいっぱいある時代だと思います。日本だけでなく、他の国々にとっても教訓になるのではないかと思うのです。たとえばアメリカのベトナム、イラク戦争やアフガニスタンでの戦いは、中国大陸に出ていった日本と同じようなことをやっているのではないか。少しでも日本の歴史に学んでいれば「バグダッドが陥落した、万歳！　戦争は終わりだ」なんていえない。戦争はそこから始まる。南京を陥落させてから泥沼が始まったのと同じだと思うのです。

本当にそうです。日本の失敗は他民族の自立の精神、ナショナリズムを理解できなかったことです。他国の人たちがどのように国を思い、行動するかということをおよそ想像できなかったのではないでしょうか。

——勝っているときは学ばないですね。

勝利からはほとんど教訓を得られません。いつの時代もそうです。

——アメリカの場合ですと、イラクに侵攻したあとにどのような状況になるか想定できなかったのでしょうか。ベトナムで失敗しているにもかかわらず、同じことを繰り返しています。今度はうまくいくと思ったんでしょうか。

思ったんでしょうね。兵力の逐次投入ではなくて、大兵力をドンと投入して押さえればうまくいくと思ったんじゃないですか。

——イラクでは軍の要望に反して、国防長官が兵力をかなりケチったようですね。

そのようですね。結局は逐次投入で、やはり歴史の教訓から学ばないんでしょう。

――昭和史の中には、日本だけではなく世界の国々が学ぶべき教訓として、どのようなものがありますか。

一番学ばなければいけないのは、どんな弱小国でもきちっとした歴史を持っていて自立していることを認識することでしょうね。たとえば、日本陸軍の統制派は「中国一撃論」[*1]でしょう。あの発想、あの言葉は何を根拠にしているのか。陸軍や外務省のいわゆる「支那屋」には「われわれは中国を十分に研究している。中国という民族の歴史をものすごく勉強した結果、中国とはこういう国である」という認識があった。ところが、机の上に本を積み上げただけで何も知らなかったんですね。

そのことをいちばんよく証明するのが、昭和十一年十二月の西安事件です。蔣介石の国民政府軍と毛沢東の共産軍とが握手した。内戦停止、武装抗日の推進で協力することを約したんです。それを日本の「支那屋」は重大とは思いもしなかった。国共合作なんていうが長続きなんかするものか、すぐまたドンパチと射ち合うと判断していた。中国のナショナリズムに対する理解なんか毫ももっていなかったのです。

今でもフランス文学の大家だとか何とかいう人がいますが、フランスのことをものすご

＊1　参謀本部作戦課長だった武藤章らによって唱えられた日中戦争拡大論。中国の国民政府は強力な一撃を加えればすぐに屈服するというもの。

くよく知っているかと思うと、案外何にも知らない（笑）。他国に対する理解というものは、わかったようなふりをするけれども本当はわかっていないということが多いのではないでしょうか。どこの国でもそうではないかと思います。わからないものなんでしょうね。

——昭和の失敗の原因の一つとして、日露戦争からの本当の歴史を隠したということがありました。でも、よその国も似たようなことをしていますね。中国は自国を美化した歴史を語っていますし、アメリカだってそうだという気がします。昭和前期の日本ほど極端ではないにしても、どこの国も共通しているように思えます。

どこの国でもそうなんでしょうね。結局、そうしないと為政者が国をうまく運営できないんです。明治の為政者が日露戦争が終わったあと、あんなにどうしようもないくらいに国民をおだて上げて、「世界に冠たる大日本帝国」という方向をガンガン打ち出していったのは、そうしないと政権がもたなかったからだと思います。

言論の自由こそが大事

——そういうゆがんだ歴史観が浸透していくのを押しとどめるのは民主主義ではないでしょうか。「いや、その歴史は間違っているよ」と自由に語れることで、歴史観が調整されていく。本当に客観的で正確な歴史は言論の自由が保障された民主主義国家でなければ語れないと思います。

それはもうその通りです。言論の自由は国家安寧《あんねい》の「生命線」です。この生命線だけは何があっても守らなければなりません。多様な言論機関がいろいろな角度から権力を監視し、国民の知る権利を大きく拡げねばなりません。ところが、戦前の日本は、とくに昭和十年代はこれが完全に奪われましたからね。結局は国民全部が無能であったといっていい。そりゃ、頑張って抵抗して、「これはすばらしい人だな」という人は探せば一人や二人はいますが、それだけでは「どうもねえ」と思います。反軍演説の斎藤隆夫[*1]にしたって、ある部分では非常に先見の明もあったし、頑張ったと思いますけれども、大きな力にはなれなかった。

――相当な人物が一人、二人出てきてもだめなんですね。結局、国家の方向を決めるのは国民全体の民度かもしれません。

それこそ民度の問題です。リーダーがだめなのは国民そのもののレベルが低いからです。全体のレベルが低いのに傑出したリーダーが多く生まれるわけはありません。

＊1　戦前の政治家。衆議院で軍部の政治的策動を追及した一九三六年五月の「粛軍演説」、日中戦争を批判した一九四〇年二月の「反軍演説」などで徹底した軍部批判を行った。

近代日本は外圧によって無理やり国をこじ開けられた。
日本人は一度押しつぶされて、はい上がって、
この国家を作ってきたんだ
という思いがあるみたいですね。
そういう思いから脱却しているのは、
漱石や荷風などごく少数でした。

第8章 ◎ 作家たちの歴史観

坂口安吾宅に「カンヅメ」

――明治の日本人の堕落を冷静に見つめていた夏目漱石の話をしてきましたが、そのほかの文学者はどうだったでしょう。とくに昭和の文学者ですね。半藤さんは若いころに坂口安吾に出会って大きな影響を受けられたようですが、そのお話から聞かせてください。

昭和二十八年に文藝春秋に入社したとき、本来は四月一日から仕事なんですが、人手が足りないもんだから三月一日から呼び出されていました。池島信平編集局長の前に同期三人が机を並べていました。ちょうど編集局の真ん中なので、各編集部から「おい、そこの新人！　ここに行ってきてくれ」「あそこに行ってきてくれ」と声がかかる。

あのころは『文藝春秋』『オール讀物』『文學界』、それから『別冊文藝春秋』と『増刊文藝春秋』が隔月で一つの編集部でして、でかい編集部が四つありました。四つの雑誌は締め切りがそれぞれ違っていて、その締め切りが近くなると、「おまえ、あそこへ原稿を取りに行け」「ここに取りに行け」と指示される。初めのころはありとあらゆるところに行きました。

『別冊文藝春秋』の校了日が近づいたときですから、三月十日ぐらいだったと思いますが、朝、会社へ行ったら、「おまえ、坂口安吾の家に行って頼んである原稿をもらってきてくれ」という。坂口安吾については高等学校のときに『堕落論』を読んではいましたけれども、正直にいうとそんなによく知りませんでした。

「行ってくれ」というので、「どこですか」と聞くと「群馬の桐生だ」という。「えっ！」「汽車賃、あるんだろう」「往復の汽車賃ぐらい持っています」「じゃ、それですぐ取りに行ってこい。原稿ができているはずだから」というので、電車に飛び乗ったんです。

——当時は桐生までどのぐらい時間がかかりましたか。

会社から浅草まで出て、浅草から東武電車ですから、三時間はかからないかな。でも二時間以上はかかりました。電話なんか交換台が出て「何番ですか」と聞いて、「桐生の何番です」というと、「お待ちください」と一、二時間以上、ときには半日も待たされる時代でした。電話なんかしているより、とにかく行けというので行ったんです。

お昼ごろ着いたのかな。行ってみると奥さんの三千代さんが出てきたので、「『別冊文藝春秋』の原稿をいただきに上がりました」といいました。奥さんは「はあ？」といって安吾さんを呼ぶ。そうしたら安吾さんが出てきましたけれども、「そんなの、おれ、頼まれていたかなあ」なんていう。

「えっ！」とこっちが驚いて、「もうできているはずだと聞いておりましたが」といったら、「ああ、そうだったか」という調子です。「どうすればいいでしょう」と困っていると、

「じゃあ、待つか」なんていう。「待つといったって、金も何もないから一度東京へ帰るよりしょうがないんですが」というと、三千代さんが「うちに泊まっていらっしゃいよ」といってくれたので、泊まっちゃったんです。

あとで三千代さんが書いた『クラクラ日記』という本を読みますと、安吾さんはその前の年の昭和二十七年までに大問題を起こしていた。「競輪に八百長あり」と書いたおかげでヤクザに追われていたといいます。本当かどうか知りませんけど。それから税務署と闘ったり、いろいろ問題を起こしていた時代だった。それで身を隠すために桐生に逃げていたのです。そんなことはその当時は知りませんでしたけれども。

桐生にいる南川潤という作家が「おれのところに来いよ」というので、安吾さんは南川の紹介で書上さんという桐生きっての織物問屋のものすごくでかい家に住んでいた。わたくしが行ったのは安吾さんがそこに住んでから一年ぐらいたったときでした。

三千代さんの本を読むと、やっと精神的に落ちついて静かに過ごしていた時期だったようですが、遠いところに行っちゃったものだからだれも訪ねてこない。人懐かしいときだったらしくて、そこへわたくしがのほほんと来たみたいです。

三千代さんが「泊まっていけ」というから、「じゃあ、よろしいでしょうか」ということになった。わたくしは一晩だけ泊まるつもりだったんです。翌日書いてくれると思っていたから。ところが、そんなに簡単に書いてくれなかった。結局、丸々一週間泊まっちゃったんです。

常識の目で歴史を推理せよ

——安吾さんは食事もさせてくれたんですね。

朝晩ちゃんと食わしてくれた。夜は二人で大酒を飲みました。もし、わたくしが酒を飲めなかったらだめでしたね。三千代さんが書いていますけれども、安吾さんは酒を飲めない人間とは相性が悪くて、すぐ嫌になっちゃうようです。ところが、酒を飲めるとなるといつまでも付き合う。永遠に付き合う（笑）。それでいろんな話を聞けたんです。

あの一週間は、安吾さんがちょうど『信長』という本を書きあげたころでした。戦国時代をものすごく勉強していて、おもしろがっていた時代でしたね。それと同時に特攻隊と戦争に関していくつかエッセーを書いているころでした。戦国時代の話から、それこそ日本の古代、聖徳太子とか壬申の乱とか、あのあたりの話を毎晩のように教えてくれました。「これをどう思う？」なんて必ず聞きますけれども、そんなもの知らないから、突拍子もない返事をしていると、「バッカだねえ」といわれる。「バッカだねえ」が口癖で、「バッカだねえ」といいながら実に丁寧に教えてくれて、「ああ、歴史というのはそういうふうに見るのか」と目を開かれました。

安吾さんは『日本書紀』と『古事記』に古代日本のすべてが書かれているなんていうのは大間違いだ、という。たとえば悪逆非道の蘇我氏を倒すために大化の改新が起きたといわれている。当時、天皇があったかどうか知らんが、飛鳥の皇帝をないがしろにして蘇我が横暴を働き、権力を奪おうとした。これはけしからんということで政治の実権を取り戻したのが大化の改新といわれているが、こんなのはうそだ。何となれば、そのころはだれが大王《おおきみ》なんていうことはまだ決まっていない。民衆の人気があって、民衆がみんな支持する人間が大王になるんだから、日本に蘇我大王、蘇我天皇があったって不思議はない。要するにあれはクーデターなんだという話をするわけです。

「ああ、そういうもんですか。そういえば『日本書紀』に国記とか天皇記とかそういう大事な書物が蘇我の屋敷が焼け落ちるときにすべて焼けたと書いてあるのはおかしいですよね」なんていったら、「おまえはうまいところに目をつけたな」と褒められました。

「そうなんだ。そういう大事なものが蘇我氏の屋敷にあったということは、蘇我が当時の大王であったということを物語っているんだ。だから、草の根を分けてもみんな燃しちゃったんだ」なんて、わたくしらが教科書で習ったのと全く違うことを次から次に教わりました。歴史というのはそういうふうに見るんだと当時は驚きましたね。

『日本書紀』だって、おまえがいったとおり、細部を注意深く読めば、これはおかしいじゃないかということに気がつく。だから、ごくごく常識的なものの見方において足らないところを推理をすることが大事なんだ」という。「本当に常識的な見方」ということを強調していましたね。非常識というか、突拍子もない推理じゃだめだけれども、ごくごく常識的な合理的な推理をするということは歴史を学ぶためにいちばん大事だということを安吾さんは盛んにいってくれました。

――坂口安吾のそういう歴史の見方はどこで養われたのでしょうか。

戦時中の天皇絶対主義のもとでの日本の国体というのは、天照大神が最高の存在であって、そこから神武から始まる歴代の天皇につながっていました。一方、儒教における最高の存在は天なんです。儒教の天というのは曖昧模糊としていますけれども、人は天の力、天の影響によって王様、皇帝になる。

日本の場合、儒教の教えを受けていながら、天がいつの間にか天照大神になるわけです。八紘一宇です。天照大神の力によって選ばれた天皇が中心となって世のすべてを一つの家とみなすというのが日本の肇国、国が始まって以来の精神であり国是である。美しい国柄《うるわ》である。天ではなくて天照大神が最高神なんだというのが日本の国の独特の考え方である。そうわたくしたちは習ったわけです。

わたくしたちの時代は本当に八紘一宇でした。それが太平洋戦争の意義でした。だから「聖戦」という言葉が出てくるんです。日本の肇国以来の大理想を実現するための戦だから聖戦なんです。そういうものに対して安吾さんは「そんな馬鹿な話があるか」と戦争中から思っていたんじゃないでしょうか。

わたくしなんか子供ですから、戦争に負けるまでは八紘一宇の大理想を信じていました。うちのおやじはいくらか違うことをいっていましたけれども、肇国の精神は重んじていたような気がします。戦前の日本は、その肇国の精神つまり日本が世界の中心という大理想ということから脱却している人はほとんどいなかったのではないでしょうか。

戦後になって、その理想はとんでもない大間違いで昭和の日本は何をやったのか、単なる侵略戦争ではないのか、という形でダーッと左翼史観が入ってきた。日本の戦争の意義とか理由づけ、あるいは戦争をやった大目的を日本人が失ったときに、左翼史観がドッと入ってきたんですね。そして日本の伝統や美学や、とにかくすべて叩き潰した。

これもまた皇国史観同様に間違っていると思いますよ。

戦争と向き合わなかった戦後日本

しかし、左翼史観のいう帝国主義・侵略主義戦争論というのは、戦後すぐの焦土の上では、まことに見事に花咲いたように思われた。だから、一度植えつけられ、すり込まれた左翼史観からなかなか抜け切れない人が多いと思う。それに輪をかけて、あまりにも現実が悲惨だったから、自分たちの過去、戦争と向き合いたくない、できるだけそっぽを向きたいと思っている人が多かった。このため日本人は「昭和の時代というのは一体何だったのか」というきちんとした反省をしなかったと思います。考えたくなかったんです。それで大きく抜け落ちたものがある。

たとえば昭和四十年に新潮社から阿川弘之さんの『山本五十六』が出ました。たしかあのときの文壇はみんな総スカンだったと思います。職業軍人を扱う小説なんて、何をやっているんだという感じです。新潮社が売り出すときには、文壇の人たちはそっぽを向いていた。

野間宏など第一次戦後派[*1]の人たちや「第三の新人」[*2]、これまた別の意味の戦後派ですから、そういう人たちがまだみんないる時代、『山本五十六』を推薦したのは小泉信三とか大宅壮一といった人たちです。文学者は知らん顔。まだそういう時代でした。戦争あるいは昭和という時代、自分たちの生きてきた時代とは何であったかに本当に正面から向き合って考えた人はほとんどいなかったんじゃないでしょうか。

安吾さんはちょっと違うんです。あの人は昭和三十年に死んじゃうんですけれども、二十年代に書いた『堕落論』などの中で、昭和の時代の皇国史観を全否定しています。あの人の歴史観、戦争観は「これはとんでもない時代だ」ということだったと思います。もちろんああいう人だから、左翼史観なんかには乗っかりません。事実だけをしっかり見つめた。そこははっきりしていました。

わたくしにも「おまえな、日本の国は肇国以来、すばらしい天皇がこの国を治めて云々なんていうことはねえんだよ」といっていましたね。「天皇が親政とか何とかいって国を何とかしようなんて思うときは、たいてい大間違いをやっているんだ」なんてね。

後醍醐天皇や後白河天皇などはそうで、今では常識的な考えですけれども、当時はそんなことはまだだれもいっていなかったですから、驚いたというよりは目からうろこで、わたくしは相当影響を受けました。安吾史観に頭をガーンとぶちのめされた。ただし、左翼史観にはまったく共感を持てませんでした。

――左翼史観もある意味、皇国史観のようなものですからね。

そうなんですよ。今になると「何だ、裏返った皇国史観じゃないか」と思うところがありますね。焼野原に立って戦後日本人が戦争と、国家ときちっと向き合うことをしなかっ

＊1　戦後数年の間に現れた新人作家群。野間宏、椎名麟三らの戦争文学など。第二次は一九四〇年代末の新人作家で、三島由紀夫、安部公房らが本格的な西欧型長編小説を世に出した。

＊2　一九五〇年代中ごろに登場した安岡章太郎、吉行淳之介、遠藤周作らの新人作家。第一次、第二次戦後派作家に次ぐ世代として、評論家の山本健吉が命名した。

たのが、今日の思想的混乱を招いていますね。

浅草で永井荷風と出会う

——あの時代を冷めた目で見ていた作家の一人の永井荷風について語ってください。

中学上級生のときに『濹東綺譚』[*1]は読んでいました。わたくしが生まれたのはまさに『濹東綺譚』の舞台の隣町なんです。玉の井には向島区会議員をしていたうちのおやじの友人がいて、そこへお使いに行くと、まさに売春宿のおやじなんですよ。そこの女の人に「まだ早いわよ」なんてからかわれてね（笑）。そういう妙なところと知っていましたから、「ああ、あそこを書いたものか」というので読んでいましたけれども、すごい人だとはまったく思いもしませんでした。主人公が女の人に惚れているのかどうか、よくわからねえ小説だなんて思っていました。

文藝春秋には妙なところで永井荷風さんに気に入られた編集者がいたんです。のちに社長になった上林吾郎という人ですが、上林さんがやたらに気に入られて、永井荷風さんは文藝春秋にいくつかものを書いています。『オール讀物』でストリッパーと座談会をやったりしているんです。そんなのはわたくしが入社する前の話ですから知りませんでしたが。実はわたくしは学生時代に浅草へ遊びに行って永井荷風に三度会っているんです。

浅草六区の電気館の裏に「峠」という、今でいうスナックのような店がありました。当時はスナックなんていいませんでしたけれども、ちゃんと食べさせて飲ませるから喫茶店でもない。わたくしはそこでよく飲んでいたんです。その店の隣の隣に「大亀」というすし屋があって、そこに美人の娘が二人いたんで、よくちょっかいを出しに行っていた。そのついでに「峠」に寄ったりしていたわけです。今は両方なくなっちゃいました。

その「峠」で飲んでいると、荷風さんが入ってきて、二つ隣ぐらいに座ったんです。ちらっと見て「どうもこれは永井荷風じゃないかな」と思いました。そのときが初めてです。二回目はわたくしと友だちの二人で店にいたら、荷風がストリッパーの女の子を連れて入ってきました。カウンターのわたくしと友だちの隣の席に女の子と荷風が座った状態で並びました。聞くともなしに彼らの会話を聞いていました。コソコソ小さい声でしゃべっていましたね。ときどき女の子がキキキキと笑いましてね。

やがてまたもう一人女が入ってきました。あまりよく聞こえなかったけれども、どうやら三人で猥談をしていたようです。そうしているうちに向こうは食べ終わりました。あと

＊1　東京・向島の私娼街、玉の井を舞台にした作家と私娼の物語。

から来た女の子が「わたしの分も払ってよ」といったら、荷風は「だめ。おまえは呼んでいない」。それははっきり聞こえました。「こっちの娘《こ》はおれが呼んだからおれが持つ。おまえは自分で払え」。そうしたら「にふうさんのケチ！」「ケチといわれてもだめだ」。そういうところははっきりしている。「このじいさん、おもしろいな」と思いました。

三回目は「一度荷風を笑わせてやろうじゃないか」と相談していて、店で待ち構えていました。そして荷風さんが店に来たとき、そばで友だちと実にくだらないことをでかい声でしゃべり続けた。でも全然笑わなかったね（笑）。

そういうことで、文春に入る前から荷風さんをちょっとは知っていたんです。文春に入ってからも一度だけ会いました。それは「峠」ではなくて町で偶然出会ったんです。そのときはだいぶ弱っていましたね。ベンチに座って居眠りなんかしていて、何か歩くのが大儀そうでした。珍しくタクシーを呼んで乗って帰っていったんで、何の気なしにあとをつけたんです。じいさんは押上までタクシーで、それから京成電車に乗りましたな。

あのときどうしてあとをつけたのかなと思うんですけれども、万が一があったらかわいそうだと思ったんでしょうね。自宅までつけていって、「永井」という標札のある家に無事入ったのを見とどけて「ああ、ここが荷風の家か」ということで引き返しました。

荷風は昭和三十四年四月三十日に亡くなるんですが、当時わたしは発刊直後の『週刊文春』の編集部にいました。編集長は荷風をよく知っている上林さんでした。荷風死亡の第一報が文春に入ったら、上林さんが「おい、だれか荷風の家を知っている者はいないか。荷風の家がどこにあるのかだれもわからないから」という。「おれが知っている」といったら、「ちょうどいい。おまえ、すぐ行ってこい」といわれて、荷風の家にすっ飛んでいったんです。

荷風の家にはお昼ちょっと前に着いたんですが、新聞記者がまだ五人ぐらいしかいませんでした。お巡りさんも来ていましたが、荷風の周辺の人なんてまだだれも来ていません。家の中に入っていくと、血を吐いて倒れている荷風の遺体がまだそこにありました。

――まだそのままだったんですか。当時、荷風の自宅はどこにあったんですか。

今の京成電車の八幡です。家は今もそこにありますよ。つい先《せん》だってテレビの撮影で六十年ぶりぐらいで訪ねました。二階がつぎたされていたし、家の中はだいぶ変わっていましたけれども、門などはそっくりそのままでした。

荷風は亡くなったとき、真夜中に机の前でフランス語の小説を読んでいたんでしょうね。それで火鉢の中に吐いたのかな。さらにドーンと倒れて、血を吐いたのだと思います。変死なのでお巡りさんが来ていた。まだ検視官が来ていなかったんだろうな。しばらくそのままだった。さすがに荷風さんの倒れている部屋には綱が張ってあって近づけませんでしたが、次の間から遺体を見ました。このあと『週刊文春』に「永井荷風における女と金の研究」だったか、いささかすごいものを書きましたがね。

熱い鍋の底の冷めた石ころ

——荷風は戦争をどう見ていたのでしょう。

わたくしは昭和史をやり出してから、いろんな人の日記を読みましたけれども、戦時中の荷風の日記『断腸亭日乗』は最高です。

荷風はなかなか用心深い人ですから、「人のうわさによれば」と書いていますけれども、全部自分の見聞です。それから、「ある人が手紙をよこして次のようなことを書いている」として、「今のこの野蛮な時代は何だ」というようなことを書いている。これは人の意見に託していますけれども、すべて自分の意見です。

この戦争がいかに野蛮な侵略行為であるか。古来からの日本人のいいところが全部失われた、異人種がやっているような戦争である、早く負ければいいなんていうことを平気で書いています。山ほどいる日本人の中で、戦争に熱狂せずにあんなに冷静に、あんなに戦争と関係なしに生きた人はいないのではないかと思います。

わたくしは荷風についてしゃべったり書くときによくいうことですが、当時の戦時下の日本はいってみれば沸騰した鍋といっていい。日本人がみんなカッカとなっていた。その鍋の底の方で熱くもならないで冷めた一つの石ころがゴロンと転がっている。それが荷風さんですね。

荷風さんはたぶん亡命したかったと思います。フランスが一番好きなんだけれども、フランスはドイツに負けていますから、亡命するところもない。だから、日本の中にいながら日本からの亡命者だったと思います。それだけに、当時の戦争中の日本の国と日本人というものを実に厳しく見ています。まわりは熱狂した人たちばかりなんですね。安吾さんも荷風さんと同じように見物していました。自分で書いていますよ。これは世紀の見ものであるから十分見物する。いざとなりゃ命を落としてもいいと思っている。

荷風は命は落としたくない。でも、最後は死ぬことを覚悟したと思います。こんなくだらない国と一緒に心中するのは真っ平だが、どうせ長く生きたってろくな思いをしないのだからというふうにも書いています。そういう意味では、あんなに黙ってじーっと戦争の時代を見つめ続けた人はいないんじゃないでしょうか。なかなかできないことだと思いますね。二人ともほんとうに稀有の観察者でしたね。

インテリたちも根っこは攘夷

——逆に文学者の中で情けなかった人はいますか。

それはもう山ほどいます。ほとんど全員といっていい。

――戦後ですが、日本語を放棄してフランス語公用語論を説いた志賀直哉などでしょうか。

志賀直哉さんは戦争中は少しは冷めていたと思いますが、やっぱり戦後ですね。戦後の志賀さんはちょっとボケていたんじゃないですかね。国語をフランス語にしろなんていったけれども、本人はフランス語をよく知らないんだってね。

――えっ、そうなんですか。何だ、得意だからそういったのかと思っていました。

そうじゃなくて、自分は知らないんだって。だれかに「どこの国の言語がいちばんいいのか」と聞いたら、「フランス語がいちばんいい」といわれて、フランス語と書いたようです。ひどい話ですね。日本のインテリゲンチャはその程度なんですよ。

――開戦のときに興奮して舞い上がった作家たちの話を半藤さんは書いていらっしゃいますね。

日本のインテリゲンチャの人たちの根本、腹の底にあるのはやっぱり攘夷ですね。わたくしたちはペリー来航以来の幕末を遠い歴史のように見ていますが、昭和のインテリゲンチャの人たちにとってはまだそんなに遠くないことだったんです。

だから、基本的には攘夷です。ペリー来航以来の恨みを今こそ晴らすときだ、と。これは亀井勝一郎だろうが、それこそ小林秀雄でもそう思ったんじゃないのかな。それから伊藤整も横光利一も。ほとんどみんなそう思っていますよ。

近代日本は外圧によって無理やり国をこじ開けられた。日本人は一度押しつぶされて、そこから一所懸命にはい上がって、この国家を作ってきたんだという思いがあるみたいですね。そういう思いから脱却しているのは、何度もいいますが、漱石や荷風などごく少数でした。どうもほかの人たちは外圧に対する考え方がものすごい恨みとして出てくるんじゃないかと思います。

外圧への恨みというのは今でもあるんじゃないでしょうか。これは昔、司馬遼太郎さんと話したことがあって、「あのとき日本は攘夷を捨てて開国した。しかし『いずれ攘夷するための開国なんだ』という理由づけでした。すると、攘夷の精神なるものは果たしてなくなったんでしょうかね」といったら、「いやいやいや、日本人の精神は一尺下を掘ったら、たちまち攘夷が顔を出す。それはそういうものなんだよ、君」と司馬さんはいっていましたけれども、わたくしもたぶんそうだと思いますね。

対米英戦争というのは、まさに攘夷の精神です。「もう一度攘夷だ」ということだったと思います。井上さんは戦後世代だからわからないと思うけれども、戦前生まれの人たちには「日中戦争がどうしても解決しないのはアメリカ、イギリスのアングロサクソンどもが蔣介石をあと押しして日本を圧迫しているからだ。これは許しがたい」という思いがものすごくあったんです。そして新聞がおし立てたスローガンは「ＡＢＣＤ包囲陣を打ち破れ」でした。Aがアメリカ、Bがイギリス、Cが中国、Dがオランダです。「ABCD包囲陣」とは、軍が指導して言った言葉ではない。新聞がつくりだしたスローガンの一種なんですよ。

十二月八日朝の「帝国陸海軍は本八日未明、西太平洋において米英軍と戦闘状態に入れり」というあのニュースを聞いたときの日本人の晴々とした顔。学校の先生なんかみんな胸を張って踊るようだったものね。

――忠臣蔵のようなものでしょうか。「討ち入りを果たした！　やった！」と。

そうだと思いますね。長年我慢に我慢を重ねてきたけれども、見事に討ち入りを果たした。これはもう攘夷の精神そのものですよ。日本人はどうも基本的に今でも攘夷の精神が抜け切れていないんじゃないかな。すぐに「断固討つべし」となる。

――そこにはコンプレックスもあるんでしょうね。

もちろん、背景にあるのはコンプレックスですよ。これはもう間違いなくコンプレックスです。だから、「これはと思う昭和の時代の日本人を挙げろ」といわれても、どうも自信を持って名を挙げられる立派な人が見当たらないね。

――安吾と荷風だけじゃ寂しいですね。

わたくしの中では本当にその二人くらいなんですよ。それと石橋湛山かな。

――でも、二人とも傍観者です。何かを動かすようなことはなかなか難しかったでしょうね。

そうですね。戦後はともかく戦争中の安吾さんだって荷風に負けぬくらいの傍観者なんです。だって、第一線でものを書いている人じゃないんだもの。当時はだれも認めていない（笑）。だから陸軍も海軍も特派員として引っ張り出さなかった（笑）。

天皇観が違う司馬さんと清張さん

――半藤さんは司馬遼太郎、松本清張という巨人作家と深くお付き合いされましたが、二人の近代史観などについて話してください。

清張さんという人はあまり論理的ではないんですよ。だから、こういう形でインタビューして話を聞いても、ほとんど実にならないんです。あの人は弁の人ではないんですね。司馬さんはひと言聞けば十は答えてくれますから、これほど楽な人はいません。

けれども司馬さんは基本的に天皇観をしゃべらなかったとわたくしは思います。明治、大正、昭和を含めて天皇というものが日本人にとってどういうものであったかという、いちばんの骨格の問題に対して司馬さんは考えを示さないんですよ。『坂の上の雲』の中にも明治天皇はほとんど出てこない。明治天皇というのは明治の時代の精神ですからね。それがなしであるはずがない。それが不思議なくらいこの小説にはないんですね。

昭和天皇が亡くなったときに司馬さんは「天皇は空である」といったんです。司馬さんにいささか不満を持っているのはそこですよ。天皇が空であるということにされちゃったら、昭和史の中身も空洞になってしまいます。だから司馬さんは「昭和というものは日本の歴史の流れから外れた特殊なとんでもない時代だ」とあっさりといってしまう。

そういうものじゃないでしょう、歴史というものは。だからわたくしは率直にいって、司馬さんの日本近代史観からは学ぶものはほとんどなかったですね。

その意味では清張さんは論はないけれども、書くものの中には天皇に対するものすごい思い入れがありますからね。思い入れというよりはむしろ反天皇制的なところがあります。だから二・二六事件でも何でも、書くものの中に天皇があります。近代史家、歴史家として見た場合には、清張さんの方がはるかに上だと思いますね。

こういうことというと、わたくしも司馬さんには縁がある人間だから「なんだ、そういう目で見ていたのか」といわれちゃうけれど仕方ない。司馬さんは非常にわかりやすく日本の歴史全体を教えてはくれましたが、近代史、とくに昭和史に関する限り司馬さんの天皇観というのはよく見えませんでしたね。「空である」というんでは、近代日本史を学ぶ人間としては「それはないよ、司馬さん」という思いがありますね。

——松本清張は昭和史に対する思い入れが強かったですね。あれはどういう理由でしょうか。

わからないんです。よく聞かれるんです。「清張さんはなぜ『日本の黒い霧』をあんなに思い入れて書いたんだろうか」と。占領が終った直後の時代でGHQ内部のG2とGSの抗争[*1]があったことなんて見抜いてね。まだだれもよく知らない時代です。昭和三十年代のはじめのころにですよ。いくらか噂はありましたが、まだだれもよく知らない時代です。どこからあの情報を手に入れたんだろうか、とよく聞かれます。たぶん共産党筋だとは思いますけどね。

そのあたりはよくわからないんですが、いずれにせよ清張さんは昭和三十年代のはじめあたりから昭和という時代にかなりのめり込んでいましたからね。それが最後になって、あの『二・二六事件』という大作にまとまったわけです。ここで清張さんは日本人における天皇ということに関してはかなり突っ込んだと思います。

――清張さんの昭和史取材を手伝ったことはあるんですか。

直接にはあまりないんですよ。『二・二六事件』は『週刊文春』の連載だったんですが、そのとき『昭和史発掘』担当に藤井さんという人がわたくしの下にいまして。わたくしが

＊1　連合国軍総司令部は参謀部と幕僚部に分かれており、参謀部で保安、検閲などを担当する第二部（G2）が大きな権限を持っていた。幕僚部では政治と行政全般を担当した民政局（GS）が憲法改正、選挙制度改革などの民主化政策を推進、反共的なG2と対立した。

デスクのときでした。藤井さんが相談にくるから、そこで手伝ったことは何度かあります。けれどもとくに『昭和史発掘』でお手伝いしたことは不思議なくらい少ないんです。

ただ、晩年になってからは談話関係ほかでずいぶんこっちから話を聞いたり、材料を提供したりしました。そういう意味で清張さんとはいろいろ昭和の時代の話をしました。昭和三十年代に『日本の黒い霧』や『深層海流』などいくつか昭和史関連の作品もありますが、あのころもお手伝いしていません。晩年にもっぱら話し相手として、天皇や昭和史および太平洋戦争、戦後日本について語り合いましたね。

――清張作品はノンフィクションですが、司馬作品はフィクションですね。

司馬さんの作品はもちろんフィクションですよ。清張さんは昭和三十四年に『小説帝銀事件』というのを『文藝春秋』に書いたんです。この作品について清張さんは「小説であるところがすごい資料を出しても読者に創作と思われちゃう。せっかく自分がスクープとして掘り出してきた資料まで創作と思われたのが残念だった」といっていましたね。やっぱりこういうものを書くときはノンフィクションでなければいかんと。だから以後はノンフィクションなんですね、あの人は。

司馬さんの場合は逆で、フィクションなのに読者はみんな本当の歴史的事実だと思っている。『坂の上の雲』なんてフィクションとみたほうがいい部分が多いんです。龍馬の話だって河井継之助だってみんな本当だと思っているから、やりづらくてしょうがない。「龍馬はそんなことといってません」といったってだめなんですね。

――幕末ものならまだしも、『坂の上の雲』の書き方ではノンフィクションと誤解されますね。

そう、ノンフィクションと思われても当然でしょうね。「近代日本とはこれだ」とみなが思ってしまうんですよ。ところがずいぶんフィクションが多い。でも上手いね、司馬さんの小説は。司馬さんはいわゆるわれわれが使うような基本的な正史というものをほとんど重要視しないんです。それで実にくだらないといったらなんですが、雑誌の『日本週報』などに出てくるようなつまらない話を非常に上手く使うんですね。

坂本龍馬なんていうのはそういう意味じゃ、いわゆる龍馬の基本資料よりも、下世話な資料の方を実に巧みに使っていますよ。全体的にそうですよ、司馬さんの小説は。上手いけれども史料にはなりませんね。

わたくしもね、ものを書いているときに「ここは小説にすると楽だろうな」というところはあるんですよ。ときどき材料が何もなくて書ききれないことがあるんです。「天皇は何々といった」という部分が『日本のいちばん長い日』にあるんですが、「これはどこで聞いた話だ」と問われれば、「これはこの資料に出ています」とちゃんと答えられます。文中にいちいち「〜より」とか「〜によれば」とか書いたら流れがとぎれて読みづらいから資料名は入れませんけどね。

けれども「天皇はおごそかにいった」とか「皮肉っぽくいった」「笑っていった」とか、見てきたかのような形容詞はなしなんです。ただ単に「いった」としか書きません。「語気を強めて」とかやりたくなるんですけどね。司馬さんはそれを平気でやりますからね。

『坂の上の雲』の続きを書くべきだった

――『坂の上の雲』がテレビドラマ化されて、改めてこの作品が見直されていますね。

司馬さんのいちばん書きたかったことは何だろうと時々考えるんです。あの小説は昭和四十年代に書き出したので、さっきもいいましたとおり、まだ左翼史観がそれほど払拭されていないころです。それどころか、まだ重用されている面がかなり強かった。そのときに司馬さんが「いや、民族がここまで戦って国を作った時代はそのようなものではなかったんじゃないか」ということを証明したかったのではないかと思います。

ただ、司馬さんは、こういういい方をすると大変失礼だけれども、猛勉強はするけれども、きちっと体系づけて、構想をちゃんと立てて書く人じゃないと思うんです。それよりも何かスイッチが入ると、ダーッと走っていくような人だと思います。

わたくしのカミさんが司馬さんから手紙をもらったことがあるんです。カミさんのお父さんの松岡譲が書いた戦前の小説が復刻されて、それを贈ったことに対する礼状で、おもしろい手紙なんです。

その本は日本の仏教寺院の堕落をテーマにして書いた『法城を護る人々』という本でした。司馬さんの手紙は便箋だったか原稿用紙だったかにゆったりと「ありがとうございました」と書きだしてある。通りいっぺんといっちゃおかしいけれども、ごくふつうの礼状でした。

ところが二枚目になると、自分が産経新聞記者時代に京都のお寺の担当だったので、それを思い出して突然何かスイッチが入ったんだね。今まで一行一行ゆったりと書いていたのが、途中から突然、行なんていうものじゃなくて、字がどんどん詰まってきて、紙を惜しむようにびっしりと、ワーッと五枚ぐらい続いちゃう。そういうふうに、スイッチが入るると妙にワーッと行く人じゃないかとわたくしはときどき思うんです。

「司馬さんの小説には青春を書いたものが多いんです。『坂の上の雲』も本当は明治の青春を書く小説だったのが、途中から突然、テーマが日本近代史のいちばんの問題点の日露戦争になっちゃったんじゃないか。最初からああいう長大なものは考えていなかったのでは……。そういう意味では司馬さんというのは非常におもしろい人ですね。天才ですね。

司馬さんは調べていくうちに、日露戦争について残された公的な戦史が何とでたらめであるか、あとから気がついたと思います。「えっ！」と思ったんじゃないでしょうかね。ところが初めからそういう構想を持って書いていないから、小説的な美しさでダーッと書いている。書き終わってから「これじゃいかん」と気がついた。それで、あとがきでちょこちょこっと日露戦争後の明治について批判的なことを書いた。

だから、『坂の上の雲』はあのあともう一巻続いて、日本がいかにあそこから堕落したか、なぜ堕落しなければいけなかったかを書き残してくれなきゃいけない。そう思ったから司馬さんには何度もいったんです。でも、司馬さんは「君がやればいいじゃないか」なんていって、やろうとはしませんでしたね。

――もうそこまでの気力はなかったんでしょうか。

なかった。もうスイッチが切れて、スッと終わっちゃったんですね。

――司馬さんはノモンハンにチャレンジして挫折したと前にいっておられましたが、明治から昭和までの中間の時代を書く構想はなかったのでしょうか。

なかったと思いますね。明治の時代を書いたけれども、大正と昭和の初めというのはなかったんじゃないですかね。

――やはり司馬さんの小説には爽やかな人物が必要なんでしょうか。

そう思いますね。ご自身も爽やかな人でしたからね。

――大正、昭和にはそういう人物がいなかった。

司馬さんはノモンハンの取材で参謀本部の作戦課長の稲田正純や何人かの参謀たちに会いました。そして彼らがいかに無責任でだらしないか、人間的に劣っているかということがよくわかったんじゃないですか。

――司馬さんは「ノモンハンのときの作戦にかかわった軍人に話を聞いたけれども、まったく中身がなかった」と書いていますが、それはだれのことですか。

たぶん稲田正純でしょうね。もう一人いたかもしれない。一人だけ司馬さんが非常に感服というか、「うーん」といって話を聞いていたのは、連隊長だった須見新一郎さんだけです。けれどもこの人との関係がだめになっちゃった。とてもじゃないがほかの軍人を主人公に小説は書けなかった。辻政信や服部卓四郎、その上の参謀長、関東軍司令官あたりの無責任さをどうしても我慢できなかったんじゃないですかね。

最後のころは「君はおれに死ねというのか」といっていました。「ノモンハンを書け、書けと君はいうが、それはおれに死ねというのと同じなんだ。おれに死ねというのか」というから、「いや、そんな意味じゃありません」「じゃあ、もういうな。もう書かない」。はっきりとそういっていました。

――『坂の上の雲』はわたしも若いころに読んで本当に感激して、読んだあとにこれは事実だと思ったんです。

そう思いますよね。誰だってそう思います。

——ノンフィクションだとしばらく思っていて、どうも違うというのがあとからわかったんです。ほとんどの人は、あれはノンフィクションだと思っているんじゃないですか。

皆さん事実が描かれた、これが歴史だと思っているでしょう。そこが司馬さんのうまいところでもありますけどね。

——ああいうふうに書いちゃいかんとはいいませんが、「これは小説なんだ。そういう目で見てくれ」ということをどこかでいう必要があったのではないでしょうか。文藝春秋が何年か前にやった二十世紀の日本の最高傑作には『坂の上の雲』が選ばれています。小説・非小説かかわりなしのトップです。

——たいへんな傑作だとは思いますが、困ってしまうのは、あそこに書かれていることはすべて事実で「あれはすばらしい時代であった。すばらしい日本人であった。それに比べて昭和は」という展開になることです。

そうです。それはどうしてもそうなっちゃうんですよね。やむをえない。

――この小説がかなり偏った歴史観に寄与してしまったように思うんです。

司馬さんの言葉をかりれば、昭和はまったく日本といえない。これは異質のもの、それまでの過去の美しい日本人、日本とはまったく関係ない異体が活躍した時代であって、語るに足りないものだということになる。おいおい、ちょっと違うんじゃないかといいたくなります。歴史は連続しているんです。突然、昭和という非連続の悪い時代が出現したわけじゃありません。わたくしは司馬さんにそういったこともあるんですが、聞いてくれませんでした。

――『坂の上の雲』を都合よく使う人が多いですね。司馬さんの考えとはちょっと違うんじゃないかという使い方をする人が。

司馬さんの歴史観は非常に見事です。あの人得意の鳥瞰といいますか、大づかみで「こういう時代である」とやられると、みんな本当にそう思っちゃう。日本人がみんなして心を一つにして、忍耐に忍耐を重ねて、この国難をどうやって乗り越えてきたかなんていうのを名調子で語られると、もうこの史観から抜けられません。

つまらない話に興味がある清張さん

――一方で松本清張の作品には地を這う視線を感じます。

清張さんはそれこそ大づかみじゃない、本当につまらない細部に興味を持つんですね。あの人は昭和史が好きなんですよ。昭和というものはものすごく変化に富んでいて、一つの視点では解釈できない、いろいろな解釈ができるんだと思っていますからね。

ただ、天皇の問題だけは清張さんもさすがにとことんまでは突っ込まない。いいたくないらしいんですね。でも、まったくいわないことはなくて、『二・二六事件』では天皇についてかなり書いています。そういうところは抜かしません。明治からの軍人の悪いところもちゃんと書いている。山縣有朋なんかはくそみそですしね。

清張さんはそれこそ地べたを這う虫の目で、「こいつはこういうつまらない男だ」という分析をかなりやっているんです。ただ、残念ながら清張さんのそっちの方面の作品はあまり売れていない。司馬さんの本ほど売れていません。山縣有朋を書いたものや『二・二六事件』などは、研究者は評価するんだけれども、一般には読まれていませんからね。

――清張さんの歴史ものは司馬作品と比べてちょっと読みにくいところがありますね。スーッと読める感じではない。

文章はむつかしくはないのだけれど、やっぱり読みづらい。でも、それはしょうがないですね。歴史というのは突っ込んでいくと、違うデータが出てきますから、あっちもこっちも触れなきゃいけないとなると、かなりごちゃごちゃしてくるんです。大づかみというわけにはいかない。清張さんはそれを厭いませんからね。

変な話だけれども、司馬さんと清張さんというのは、お互いに意識していたのか、対談したことは二回ぐらいしかないんですよ。お互いに気にはしていたのでしょうけれども、口に出しませんでしたねえ。「半藤君は司馬さんのところにも行くんだろう」「はい、行きますよ」「どういう人だい?」なんて話を清張さんとしたことはなかった。司馬さんは一切そんな文壇噂話的なことは無視です。

NHKの歴史番組に両方出ていたので、「あれ、対談したのかな」と思ったら、そうじゃなくて別々に収録しているんです。残念ながら、合わないところがあったのかな。

――お互いのことを何か書いたこともあまりないでしょうね。

ないですね。長者番付はほぼ十年間、一位と二位でした。一回だけどちらかが一位から外れて、そのときは梶山季之[*1]さんが一位だった。あと九年間は全部一位と二位。ほとんど清張さんが一位、司馬さんが二位で、一度逆転したことがあるかな。されど、両方ともいわゆる文壇人ではないんです。

――二人は人間的にはどうですか。おもしろみのある人でしたか。

おもしろみといういい方をすると、清張さんのほうがおもしろいですね。ただ、清張さんは地べたを這うだけあって、話はつまらないんです(笑)。やたらにうわさ話とか実にくだらない話に興味を持つんです。「えっ、それはちょっとおもしろい話だ。聞かせろよ」てな感じで。でも、その話を使って、あとでちゃんと小説にするんですよね。

＊1　週刊誌のトップ屋として活躍したジャーナリスト。経済小説などでベストセラー作家となるが、一九七五年に四十五歳で死去。

わたくしの友人の女性に着物を着せるのが上手なのがいて、クラス会をやったときに「おい、おまえ、今何をやっているんだ」と聞いたら、「ホテルで働いている」というんです。「何でホテルで働いているんだ」というと、「ホテルへ着物で来た女性で、あれが終わってから着られない人がたくさんいる。だから、着せてあげるんだ」ということらしい。その話を清張さんにしたら飛びつきましてね。「それは本当か、おもしろい」と。早速その女性に電話をして「これこれこういうふうにする」と話を聞いて、小説の材料として全部使っていました。司馬さんは一切そういうことはしません。

――しなさそうですね。

司馬さんはでかい大局的な話をウワーッと書く。話もそうです。大局的ででっかい話ばかりです。

――二人の歴史に対する見方で、半藤さんが学ぶところはありましたか。

申しわけないが、正直いって、太平洋戦争史に関するかぎりなかったですね。

――二人とも？

そう。それは安吾さんとはだいぶ違いました。まあ、昭和史に関する限りはわたくしの方の知識が上だったんじゃないかと思います。軍人さんなんかの話だって、むしろ清張さんがわたくしに一所懸命聞いていたからね。

占領期が終わったあとに出てきた資料を見ると、
やっぱり天皇は相当本気で戦争のことを
考えていたというのがわかります。
天皇だけじゃないですか、
亡くなられるまで戦争責任を感じていたのは。

第9章 ◎ 戦争責任

人間・昭和天皇

――昭和天皇について、その人物像、歴史的な役割についてはどういうご意見ですか。

わたくしが文春の「太平洋戦争を勉強する会」で昭和史を勉強していたころは、何度もくり返しますが、世は左翼全盛時代ということもありまして、天皇に戦争責任ありという思いがありましたね。歴史への見方も左翼的な影響を受けていましたから、戦後に退位しないのはおかしいのではないか、という目で見ていました。そういう意味では初めは天皇批判論者といえましょうね。一度は昭和動乱期の天皇のことを書いて、責任をハッキリしておかなければ、というようにも思っていました。

その後、『日本のいちばん長い日』を書き出して、どんどん調べていくと、必ずしもいわれているような、あるいは自分で勝手に思いこんでいるようなことではないことが徐々にわかってきました。天皇が二度の聖断をやって、そして戦争が終結したことをなんとなく知ってはいましたが、しっかりと頭に入っていませんでした。戦争終結というのはどういう形でもたらされたのかということがね。

一億の国民があれだけ最後まで戦おうと思っていたんですから、そんなに簡単に戦争が終えられるとは思いませんでした。当然、陸軍の猛反対つまりクーデターがあるに違いないと思いましたしね。太平洋戦争の勉強を始めて、二・二六事件というのがものすごくのちのちに影響を及ぼした事件であることもわかってきました。そういうことを頭に入れると、「よく戦争があそこで終わったな」と思いました。

取材をしていると天皇について「あの方だけが終始ぶれないで『やめる』という方針を貫いたから戦争はどうにか終えることができたんだ」と話す人もいるんです。そんな話を聞いているうちに、昭和天皇というのは本当に最後のところで自分の義務、といったらおかしいかもしれませんが、天皇としての本当の強さを発揮した人なんだなあ、と思いました。でも、書き出した当時はどちらかというと戦争責任はあるんじゃないかという気持ちの方が強かったですね。そしてまた、『日本のいちばん長い日』を書きおえたあとも、なぜかそういう気持ちが棄てきれずにありましたね。

昭和六十一年四月、昭和天皇の在位六十年の記念式典があったとき、文春のカメラマンが撮ってきた写真を見たら、天皇が泣いているんですよ。涙が頬を伝わっているところが写っていた。そのときに「ああ、気の毒な人だなあ」と思いました。こんなに苦しく辛い思いで戦後日本の復興のために力の限りを尽くしてきて、在位期間六十年を思えば、おのずから泣けるんだなあ、と。その涙を見た瞬間に天皇ファンになっちゃった。

以来、わたくしは天皇には戦争責任はないというようになりました。よくいわれる話ですが、法的には天皇に責任はないけれど、道義的には責任はあるんじゃないかと。これは何も敗戦責任ではなくて、戦争を始めて遂行した責任というものがあるわけですから、政治的責任はあるんじゃないかと思っていましたが、今はそう思いませんね。

あえていえば、大元帥陛下としての責任は天皇自身も深く考えていたと思います。天皇は「天皇」と「大元帥」という二つの側面を持つとわたしが考え出したのはだいぶあとのことなんですけどね。大元帥陛下として、軍の頭領としての陛下はやはり戦争のすべての責任を感じていたと思っています。それはもうお亡くなりになるまで。

――昭和天皇の死後、『入江相政日記』『富田メモ』『卜部侍従日記』[*1]など様々な資料が世に出ました。そこから見える天皇の人間性についてはどうお考えですか。

それらを読むまでは、各日記に描かれているような方だとは毛頭思っていなかったですね。それまでのわたくしの天皇観でいえば、あんなにおしゃべりな人だとは思っていなかった。あれほどいろんなことに対して目配りがある人だとも思っていなかった。側近の日記がたくさん出てきたんで、その都度「ええっ」という感じで、人間味のある天皇だったんだなあ、と思いましたよ。

＊1　入江日記では侍従長を務めた入江相政が一九三五年から五十年間の宮中の出来事などをつづった。富田メモは一九七八年から十年間宮内庁長官を務めた富田朝彦の日記とメモ。卜部侍従日記は一九六九年から侍従となった卜部亮吾の三十二年間の日記。

それまではあまり人間味はない人だと思っていました。『木戸日記』[*1]だけだと、三種の神器を守るために戦争を終結した、ということに目がいくんですが、そうではなくて民衆を救いたいんだという思いは相当強くもっていたと思いますね。

そういうような天皇への見方は、これらの日記類を見るまではなかったですね。天皇はあくまで三種の神器や皇統存続のために終戦を決断したと思っていた時代が長かったんですよ。今はわれわれ民草を救いたいとの思いの方が強かったんだと、そのためには自分は犠牲になってもいいんだという気持ちだったんだと思いますね。

そういえば『日本のいちばん長い日』を書く前の大座談会を復刻してみて(『日本のいちばん長い夏』二〇〇七年文春新書)、改めて「ああ、そうだったんだ」と思ったことがあります。八月十四日に天皇が録音した「耐え難きを耐え、忍び難きを忍び」という終戦の詔勅の言葉というのは、必死になって、陸軍をなだめようとしているんですね。あれは陸軍に対していった言葉ですよ。国民じゃなくて。「おまえたち、頼むからいうことをきいてくれ」という思いです。

座談会で海軍の富岡定俊[*2]が「あのときの天皇のお言葉はわれわれ軍に対していった言葉だね」といっているんですが、「ああそうか、当時の軍人はこういうふうに感じたのか」と、数十年ぶりに座談会を読み返して気が付きました。それで慌てて陸軍の梅津美治郎[*3]と軍務局長の吉積正雄がメモで残している天皇の言葉を引っ張り出してきた。両方比べて読んでみると、なるほどこれは何としても戦争をやめるために、本土決戦に固執する陸軍を何とか説得しようという言葉だな、というのがわかりますよ。天皇は必死の想いだったんですね。「必要ならばわたしはどこへでも行く」という言葉も残っていますが、それくらい必死の想いだったんです。

天皇の「二重人格」問題

——昭和天皇を論じるとき、やはり戦争責任に触れざるをえないと思います。天皇は法的には責任はないとされ、戦犯裁判にもかけられなかったのですが、もう少し広い意味の責任はどうでしょうか。道義的な責任など、いろいろ言い方はあると思うのですが。

昭和天皇がどこまで事実について承知していたのか、わたくしは実は確認できないんです。戦後に昭和天皇がいろいろしゃべっているものをよく読んでも出てこない。前にも話

＊1　戦時中に内大臣を務めた木戸幸一の日記。東京裁判に重要な証拠として提出された。
＊2　海軍少将。終戦時の軍令部第一部長。
＊3　終戦時の参謀総長。A級戦犯。

しましたが、わたくしの天皇観では、明治以来近代の天皇には「天皇陛下」と「大元帥陛下」という二つの人格がある。明治天皇、大正天皇の時代はその天皇と大元帥の二重人格であることが問題にならなかった。

ところが、昭和天皇の時代になって、そのことがどうしても問題になってくる。軍部の力が強くなって、それまであまりなかった政治的な動きをするようになりました。その結果として軍部の頭領たる大元帥陛下というものが統帥権独立の名のもとに、政治的に使われてくる可能性が出てきたんです。

昭和天皇は明治四十三年にできた皇族身位令によって、軍人として育った唯一の天皇なんです。その前の明治、大正天皇は必ずしも軍人ではありません。ところが、昭和天皇は満十歳から少尉になっている。軍人として育てられたんです。ほかの皇族もみんな軍人になる。昭和天皇は軍人として大元帥の自覚をきちっと持たされた天皇ではないかと思っています。大元帥であるという自覚を持っておられたとすると、昭和天皇は戦争について相当に事実を承知していたのかなとも思いますね。

二・二六事件のとき、第一報が鈴木貫太郎夫人のたかさんから宮内庁をへて、昭和天皇の耳に入りました。昭和天皇はすぐに表御座所《おもてござしょ》に出てきたのですが、そのときに軍服を着ていた。軍服を着て出てきたということは、これは軍事問題である、歴史的事件である、したがって大元帥マターであると昭和天皇は承知していたのかなと思うのです。

このことを考えると、戦争への道といいますか、戦争への一歩一歩の判断、「戦争をするか、講和をするか」というのは憲法に決められた天皇の大事な国事です。同時にもう一方の人格の大元帥としての天皇はいつから戦争をやる気になってしまったのかという問題がどうしても出てくる。

あくまで天皇陛下というお立場からいうと、平和と国際協調、国際法の遵守という大事なことはずっと守り続けてこられたと思います。けれども、軍の頭領の大元帥陛下としては、あるところから戦争への思いが強くなったということが考えられるんです。

——戦後の戦犯裁判で天皇の責任を回避するため、A級戦犯や側近たちが天皇の大元帥としての部分を消しましたね。

消したんですよ。口をそろえてね。

——徹頭徹尾、平和主義者であるというところだけを強調した。昭和史の中でそこは曖昧模糊とした部分ですね。

やむをえず曖昧模糊にしているから、なおさらのことこれは探れない。何かないかと思うのだけれども、ない。それはまことにいけないことです。

もう一つ、いけないのは、近衛文麿が政府と軍部との合同会議を開くということをやり出した。のちに「戦争指導会議」になる「大本営政府連絡会議」です。あの連絡会議というのは政府と軍が対等の立場だから、軍部が従だとはならないんですね。そこで連絡会議の決定は、どちらの主導か曖昧のまま、国務と統帥の一致した決定ということになる。この会議の結果を御前会議で天皇は黙って聞いているけれども、「ノー」といわなければ国策になる。それは大元帥としての決定なのか、天皇陛下としての決定なのか、わからないときがあるのです。

ときどき軍事問題を決定しているんです。そのときは天皇の決定ではなくて、明らかに大元帥の決定なんですね。たとえば満州事変です。天皇はもちろん、首相の若槻礼次郎ら政府が「どうしても拡大はだめだ。朝鮮から出兵するなんてとんでもない」といっているときに、参謀総長が直接に頼みに行っても大元帥陛下は「ノー」といって追い返す。

そこで陸軍は考えて、朝鮮軍を独断で越境させてから内閣の閣議で特別予算を審議するようにもっていく。それを陸相が報告すると、若槻が「何だ、出たものはしょうがないじゃないか」といって、これを内閣が承認する。[*1]

その内閣の承認を天皇陛下のところへ持っていくと、天皇陛下は「これは内閣の一致した承認だから」といってオーケーする。それで軍部は「勝った、勝った」といってワーッと行っちゃうんです。ああいうのを見ていると、大元帥陛下としては「ノー」といって追い返しているのに、天皇陛下としてはオーケーしてしまう。一体これはどういうことなんだというまことに微妙な話になるのです。

昭和史の決定の中にはそういうことがたくさんあります。とくにのちの大本営政府連絡会議、のちに戦争指導会議になると、ますます多くなってくる。そのときの決定の一つ一つを丁寧に見ていくと、大元帥陛下としての戦争遂行責任はかなり重いですよ。

大元帥陛下には責任あり

――昭和天皇は本当に筋金入りの平和主義者だったのかどうか疑わしい言葉がところどころ残っていますね。たとえばシンガポールが陥落したあとに「今回はよく研究したからうまくいったんだ」というようなことをいっています。[*2]

そうそう。大元帥陛下としての発言なんでしょうね。

――あれを読むと、「何だ、平和主義者というよりも、勝つか負けるかが不安だっ

＊1　一九三一年九月二十二日、朝鮮軍独断越境後に閣議が開催され、その予算措置が審議される。若槻首相は「出兵した後にその経費を出さなければ兵は一日も存在できない。これを引き揚げるとすれば一個師団くらいの兵力で関東軍が非常な冒険をしているので絶滅されるようなことになるかもしれない」として不拡大方針をくつがえす。

＊2　『木戸日記』にはシンガポール陥落の祝意を奏上した際、天皇が「次々に赫赫たる戦果が挙がるについても、木戸には度々云ふ様だけれど、全く最初に充分研究したからだとつくづく思ふ」といったとある。

たのではないか」という気がします。

そうですね。それから、初めて特攻隊が体当たり攻撃した報告を受けたときですね。天皇は「そこまでせねばならなかったのか。しかし、よくやった」と及川古志郎軍令部総長にいったといわれています。よく考えてみると、「そこまでせねばならなかったのか」は天皇陛下、「しかし、よくやった」は大元帥の言葉なんですね。

「しかし、よくやった」、天皇としてはこういう言葉はいっちゃいけないですよ。これで統帥部や最前線は「よし！　天皇の許しが出た」というので、特攻を大々的に計画するわけですからね。そういうようなことを細かく、それこそ仕分けしていくと、大元帥陛下としての戦争遂行責任はかなり大きいのかなと思います。

ただし、あの当時の日本は、それこそ林房雄の『大東亜戦争肯定論』[*1]に書かれているように、この戦争は聖戦と考えて、だれだって勝たなければいけないと思っていた。それは天皇だろうがだれであろうが、みんな勝つために一所懸命だった。だから、そんなことをいちいち批判すべきではないという意見もある。わたくしもそういうふうには思いますが責任として問うならば、やっぱり大元帥陛下としての戦争遂行の責任はありますね。

じゃあ、天皇陛下としての責任はどうか。天皇陛下としての戦争責任は、よくいわれるように、法的にはないと思います。

——しかし、妙な話ですね。二重人格なのか、大元帥と天皇がくっついて一つの人間なのか。ふつうの立場の人間ではありえない。

ありえないですよね。でも、天皇陛下の戦争中の発言を調べていくと、「これはどっちの立場での発言かな」と判断に迷うときがあります。

――戦後の昭和天皇についてはどうですか。

わたくしは、今はもう「臣一利」になっておりますので（笑）。昭和天皇が戦後いかに本気になって責任を自分で感じておられて、国家再建そして復興のために一所懸命になっておられたかということには疑いを持っておりません。戦後のスタートのころ、占領下においてはGHQとの一種の戦いですから、天皇は頑張ったと思います。その後、世間は戦争責任なんていつしか忘れてしまったけれども、天皇はずっと考えていたのではないかと思います。

――『独白録』『富田メモ』『卜部日記』などの資料に天皇の戦争への言及が出てきますが、そこにも昭和天皇の思いを感じますか。

感じますね。占領期が終わったあとに出てきた資料を見ると、やっぱり天皇は相当本気で戦争のことを考えていたというのがわかります。天皇だけじゃないですか、亡くなられ

＊1　文芸評論家の林房雄が一九六三年から『中央公論』に連載。太平洋戦争を欧米諸国の植民地だったアジアの解放戦争と捉えた。

るまで戦争責任を感じていたのは。あとは当時の指導者はだれも感じていないんじゃないかな。いや、われわれ国民もいつの間にか遠い昔のこととしていた。日本人ほどあっさりと忘れちゃう民族はないからね。

——しかし、戦争に対する昭和天皇の公式発言は少なかったですね。

これはいえなかったんじゃないですか。靖国神社のA級戦犯合祀《ごうし》の場合も、天皇が靖国に行かなくなった理由を本人はいわない。側近のメモなどから探るしかないんだけれども、戦争責任というものを考えると、当時の一部国家指導者が神さまになるなんていうのはやっぱり許せない、と思ったんじゃないでしょうか。

つまり、A級戦犯全員が許せないというわけではないですよ。しかし、「あの中には国家を敗亡に導いた大責任者が一人、二人いるじゃないか。それが神さまになるというのは違うんじゃないか」という思いが天皇にあったのではないでしょうか。推測ですよ。ですから本当はもう少しはっきりいってくれていたらよかったのにね。

——けじめという点ではどうでしょう。退位は法律的には難しかったと思いますが、何かけじめのようなものがあったらとも思います。何となくけじめなしでずっと戦後の昭和が続いてしまったために、日本人も戦争責任というものを忘れて、うやむやにしてしまった。それは天皇一人の罪ではないと思いますが、やはり天皇の生き方も少し影響したのかなと感じることもあります。

さあどうでしょうかね。わたくしは、天皇は一所懸命に責任を果たすつもりで戦後を生きたんじゃないかと思います。それが国民に伝わらなかった。しかも、国民の方は一億総懺悔《ざんげ》で、できるだけそちらに目を向けまい、見ない、早く忘れてしまいたいというような気持ちが強かったんじゃないかと思いますね。

ただ、戦争責任への思いはときどき吹き出るんですね。六〇年安保だって、極端ないい方をすれば、岸信介の戦犯問題に対する恨みというか、許せないという気持ちからですよ。岸信介という戦争責任者が何も責任を感じないで総理大臣になって、しかもろくな論議もしないで、自分で勝手に安保条約改定を強引に可決しちゃった。それは許せないというその思いが強まっていって、あの大反対運動が展開されたんじゃないかと思うこともあります。

戦争を忘れるなと説く現天皇

――昭和天皇の立場では戦争責任についてどうしても語りにくかったのでしょう。記者会見でも「そういう文学的な話はわたしには難しい」[*1]ということをいって、ついに語らずに生涯を終えてしまった。その償いというういい方は適当ではないかもしれませんが、現天皇は節目、節目で戦争についてさかんに言及しますね。

そうですね。まことに立派なことです。

――現天皇の戦争観についてはどういう印象を持っていますか。現天皇は日本の近代史は自国民に対しても、またアジアの国々に対しても本当に申しわけないものだったと思っているのではないでしょうか。とくに死んだ人々に対してね。その想いは昭和天皇よりもはるかに強いんじゃないですか。立派な方です。

――とにかく、記者会見では毎回といっていいくらい戦争に触れますからね。こちらからも質問しているということもありますけれども。

でも、それにちゃんと答えていますね。それこそ一所懸命に。

――現天皇が戦争に言及する際は必ず張作霖爆殺から話を始めています。ここがターニング・ポイントだった、と必ずいうんです。昭和天皇は第一次大戦のベルダンの戦い*2の場に行って、すさまじい戦場を見ました。現天皇は昭和天皇がベルダンで見たことを語り、「だから、これからの戦争は悲惨なことになるから、戦争はやってはいけないんだ」と聞かされたといいます。現天皇は戦争について語るとき、必ずこの二つの話をするんです。

そうですか。昭和天皇は確かに皇太子時代にベルダンへ行ったんです。すさまじい戦場の跡に衝撃を受けた若き日の昭和天皇を見て、陸軍は「このへっぴり腰め。こんなやつが天皇になるのは大変だ」と考えたといわれています。

ですから、陸軍の中には昭和初年代の満州事変、第一次上海事変、その後の国際連盟脱退のときでも、昭和天皇がへっぴり腰で弱くていかんから、早く代えてしまえという声がひそかにとなえられたくらいです。それほどベルダンの戦いというのは昭和天皇には衝撃的だった。それを現天皇にちゃんと伝えているんですね。

――現天皇はそこを必ずいうんです。そして、張作霖爆殺事件にも触れるというのは、あの事件で昭和の歴史が歪み始めたという認識があるんでしょうね。

あるんですね。きちんと歴史を学んでいるから。

――これはちょっと深読みし過ぎかもしれませんが、あそこで昭和天皇は何かもう少し別のうまい対応ができたんじゃないか、河本大作[*3]らを厳罰に処すということをやっておれば、その後の歪みも防げたのではないかと現天皇が考えているのかなとも思ったりします。

＊1　一九七五年十月、訪米後に行われた記者会見で戦争責任について問われた昭和天皇は「そういう言葉のアヤについては、わたしはそういう文学方面はあまり研究もしていないので、よくわかりませんから、そういう問題についてはお答えできかねます」と答えた。

＊2　第一次大戦ではフランス軍のベルダン要塞で最も激しい戦闘が行われ、独仏双方で七十万の死者が出た。

＊3　関東軍高級参謀。一九二八年六月の張作霖爆殺事件首謀者だったが、陸軍中央は軍法会議にかけることなく事件をもみ消した。

あのときは軍部がまだそれほど強力ではなかったですから、もっときちっとした罰を加えておけばよかったんです。新聞もこぞって軍部批判をしていましたしね。でも、あそこで西園寺公望が裏切りましたからね。これは内大臣だった牧野伸顕の日記に出てきますけれども、牧野が「えっ！　西園寺さんが」とあっけにとられる。そのぐらい、ちゃんと処罰せよという方針がひっくり返っちゃうんです。*1

事件については牧野と西園寺、それから侍従長の鈴木貫太郎の三人で話し合って、厳罰にするということを決めていたんです。その申し合わせを天皇に伝えてから、最後の確認に行ったら西園寺さんがなぜかひっくり返ったんです。牧野は「何を考えているのか。一体どういうことなんだ」と西園寺のいる興津から慌てて帰ってきたんだけれども、間に合わなかった。昭和天皇の耳に入らない前に天皇が田中義一に「やめたらどうだ」といっちゃったんです。それで田中内閣は総辞職。天皇の一言が内閣をつぶしたようになったんです。それは天皇にすべての責任がいくことになると、大そう憂慮した西園寺は昭和天皇に「以後は、余計な発言をしないように」と念を押したんです。それで沈黙する天皇がつくりあげられたわけですが、あんな馬鹿なことはいかんですよ。

——現天皇は国民が意識しなければいけない日として、沖縄戦終了の日、広島・長崎の二つの原爆の日、それと終戦記念日、この四つの日をいいますね。これは日本国民はすぐ歴史を忘れるから、何か節目、節目で思い出せよ、といっているような気もします。何か節目がないとパッと思い出せないから、節目の日を決めておいて、この日だけでも戦争のことを思い出しましょうと天皇はいっているように思えます。

そうですね。今の天皇はみずからかつての戦場へ慰霊に行っていますものね。生きている限りつづけるつもりでしょう。あれはなかなかできませんよ。そういう意味では、現天皇は昭和天皇以上に平和主義者だと思います。

――ノンフィクション作家の保阪正康さんは、天皇は日本で最大の平和勢力だといっています。

そうだと思いますね。ただ、こういっちゃいけないかもしれないけれど、憲法の上ではあまり政治的なことをやっちゃいけないんですけどね。

――憲法上はぎりぎりのところで活動しているかもしれません。

ぎりぎりのところですね。ですから、いっそう立派です。

＊1　最後の元老、西園寺公望は張作霖爆殺事件が関東軍の陰謀と知り、陸軍出身の田中義一首相に関係者の厳罰を要求した。しかし、内閣が事件のもみ消しを決定すると、立憲君主制の立場からこれを容認するよう天皇に進言した。

実態はBC級裁判だった東京裁判

——戦争責任問題で言及せざるを得ないのが戦犯裁判です。東京裁判については未だに論争が続いています。この裁判についての意見を聞かせてください。

これはしゃべりづらい問題ですね。簡単に言えば、連合軍は「共同謀議[1]」という仮説を立てて、その方針で裁判をやろうとして失敗した。むしろ、そういうものではない、無責任体制だったということがわかってきた。連合軍は当初五十五の訴因を並べましたが、判決では十に整理されちゃった。それくらい彼らの立てた仮説は吹っ飛んでしまった。

被告側の弁護人は「平和に対する罪[2]は事後法である」という論理で闘いましたが、結果的にはこれはほとんど平和に対する罪では裁かれないのも同然になった。あの裁判はA級戦犯裁判といっているけれども、実質的に裁かれた罪状はBC級戦犯裁判と同じですよ。A級（平和に対する罪）といっているけれど、結果的には従来から国際法にある残虐行為などに対する罪を問うた形になった裁判だった。

ただ、その形をとりたくないから、連合国側はわざわざ重々しくやったわけです。結果的には「平和に対する罪」や「人道に対する罪[3]」などニュルンベルク裁判で適用した罪状は、東京裁判では使えなかったと思います。最後はBC級と同じ残虐行為における最高責任者を死刑にした。

東京裁判では七人が死刑ですが、東條英機は戦争全般の責任者、広田弘毅は近衛文麿の代わりで、非軍人を一人は最高刑にするという思惑があった。あとの五人はみな虐殺事件の責任を問われました。松井石根が南京、武藤章がフィリピン、木村兵太郎はビルマでの虐殺の責任だった。満州でのもろもろの事件は土肥原賢二、シンガポールでの虐殺は板垣征四郎が責任をとらされた。実はフィリピンは本間雅晴と山下奉文[*4]がいたんだけれど、すでに死刑にしちゃったからバランス上、比島方面軍の参謀長をやった武藤が責任を問われた。

ですから、そうやって見ると、東京裁判というのは連合国が最後に勝利の確認をしただけだといってもいいですね。

――東京裁判が当初のもくろみ通りにならなかったことを「日本無罪論」「戦争肯

＊1　二人以上の間で違法行為を行う合意があった場合に成立する。違法行為の実行に参加しなくても、謀議に加わっただけで罪に問える。英米法独特の概念。
＊2　不法に侵略戦争を起こした国家指導者を裁く罪。第二次大戦時は国際法の規定になかった。
＊3　国家などによって一般国民に対してなされた謀殺、大量殺人など非人道的行為。
＊4　本間雅晴は太平洋戦争初頭のフィリピン攻略を行った軍司令官。山下奉文は終戦前のフィリピン防衛戦の司令官。戦後、本間は「バターン死の行進」、山下はマニラの虐殺の責任を問われ、戦犯裁判で死刑となった。

定論」につなげる人たちもいますね。

実はそうじゃないですよね。さかんに日本無罪論をいう人がいます、それは違うんですよ。あくまで戦争を引き起こした責任は東條と広田が負ったんですよ。少なくとも日本に戦争を起こした責任があるということはあの二人で示されたんです。国際法上からは無罪じゃないんです、残念ながら。

ただ、惜しむらくは日本人の手で裁けなかった。日本人がやっていたらどうなっただろうかと思いますね。イフで考えると、もっと死刑が増えたでしょうね。そしてもっと混乱したでしょう。やらなくてよかったと思うよ。法廷でちゃんと審議された上の判決ならいいけれど、単に「あいつが憎いから」という復讐でやってしまう可能性もあるからね。

――裁判ではそれまで日本人が知らされていなかった歴史的事実が出てきましたね。

あやふやな話も多かったけれど、まあ日本の近代史、昭和史が全部出たからね。必ずしも正しいことばかりじゃありませんが、出たことは出た。でもまあ東京裁判というやつは……、今もしこりが残っていますね。永遠に論争が続くんじゃないですか。しかし正義の戦争というものはないんですよ。その後の朝鮮戦争、ベトナム戦争、インド・パキスタン戦争……と「正義の戦争」なんてないことを証明しました。戦争裁判というのは、本当はありえないんだよね。

売るために戦争を賛美した新聞

――昭和の戦争にはメディアも大きな責任を負っています。戦前のメディアの問題点、そして現在のメディアの問題点についてはどうでしょうか。

あの戦争でのメディアの責任については、いまはいろいろいわれていますが、比較的早くしっかりと書いたのはわたくしじゃないかとも思っていますよ。文春にいたときに満州事変における朝日新聞の責任について書いたんですよ。文春と朝日が仲が悪かったときですよ。

雑誌『諸君！』の編集長に、「半藤さん、あなたメディアの戦争責任について調べているようですね」と聞かれて、「調べているというほどでもないが、昭和史の一面として研究しているよ」といった。「朝日の戦争責任を追及できますか」というから、「それはできるだろうね。朝日は嫌がるだろうけれど、探せばどんどん出てくるだろう」と。それで書いたんですね。満州事変のときの朝日のひっくり返りぶりをね。

結局、なぜひっくり返ったかというのは微妙ですが、いろんな社内情勢もあったでしょう。それに朝日だけが悪いんじゃなくて、他の新聞も同様です。朝日の場合はとくに顕著なのが、東京本社が先にひっくり返っているんですね。大阪朝日はなかなか頑張っていたんですよ。

その大阪朝日がついに軍を賛美し始めるのが昭和六年の十月になってからなんです。満州事変は九月に始まっているんです。どうしてかというと、不買運動が起きちゃった。在郷軍人が先頭になって、奈良県下なんて全部朝日をやめたというほどの不買運動が起きて、ついに朝日の営業が降参した。大阪朝日の役員・部長による大会議が開かれて、高原操[*1]さんという硬骨というか、いちばん軍に歯向かっていた人が最後に演説をして、「社のために転向する」といって、それまでの反軍の論調を変える。

どうしてそれがわかるかというと、憲兵隊の調書に出てくるんです。妙なものですよ。「何月何日何時から、朝日で会議が行なわれて」なんて大会議における論議のくわしい記述がポコンと出てくる。新聞社の幹部にスパイがいたんでしょうかね。そういうもので見ると、「新聞というのは辛いんだなあ」ということがよくわかりました。

でもねえ、結局は戦争は新聞のいちばん売れる飯のタネなんです。戦争で部数を増やすんですね。それは事実なんです。それに対して反軍的に論陣を張ると日本人の気持ちでは「この新聞は何だ」ということになる。

もう一つ、昭和六年当時で大きかったのはラジオの存在です。今のNHKですが、日本放送協会は〝国営〟ですから、すぐ情報が入ります。満州事変なんか九月十八日に起きて、十九日の朝の六時からのラジオ体操の放送を中断して、「臨時ニュースを申し上げます」

といって、第一報をバーッと報じたんです。

それから一時間ごとに報じていった。それに新聞はかなわないんですよ。それで号外、号外でなんとか頑張ったけれどかなわない。そういう速報競争への思いもあって、新聞は情報をもらうために軍に迎合していって、それまでの軍縮をよしとする主張を吹っ飛ばしてしまう。それからの新聞はいろんな意味で軍に代わって太鼓を叩いたと思いますよ。

とくに昭和八年の国際連盟脱退のときには、政府がどうしようかと逡巡しているときに、日本中の百三十二社の新聞社がいっせいに共同声明を発して「早く脱退すべし」という論陣を張った。ものすごい勢いで内閣の尻を叩いた。

というようなことを一つ一つ見ていきますと、戦争における新聞の果たす役割について、わたくしなんかが余計なことをいうよりも、新聞社の人たちがよーく考えておいた方がいいんじゃないですか。しかし、どうしても新聞というのは戦争で売れるという事実が厳然としてある。日露戦争における最大の教訓がそれなんです。それに反すると不買運動が起きたりするという事実もある。そういう事実が過去にありましたから、「新聞社は戦争責任をよく考えて云々」なんていったって、これは釈迦に説法みたいなもんでね。

新聞に戦争責任があるとしたら、恐らく一番は毎日新聞ですよ。二番目が朝日ですね。

＊1　大阪朝日新聞主筆。軍縮の論陣を張った。

でもねえ、これは外からいわなくても新聞社の人は知っているんですよね。ただ、新聞が少々よくなかったのは、最近までそれをひた隠しに隠してきたことです。今はどんどんオープンにし始めましたけれど。

新聞がポピュリズムであることは、ある意味しょうがないとは思います。そこで、どうしても「新聞の書くことに騙されるなよ。冷静に自分の頭で考えろよ」といいたくなるんです。

——哀しいかな、新聞は昔ほど影響力がなくなりました。若い人が新聞を読まなくなっています。これからはネットやスマートホンなどが大きな力を持ってくると思います。

そうね、若い人は新聞を読まなくなったねえ。ネットのスピードは昔のラジオと同じですよね。そういう意味じゃあこれからは新聞社もたいへんですな。雑誌はまだいいんですよ。毎日発行じゃないから。雑誌といえば、戦前、雑誌は結構頑張ったんです。昭和十四年くらいまでは。わが文藝春秋でさえかなり頑張っています。

しかし、十四年ごろからまず紙の配給でいじめられるんです。紙がなくなってきて統制になりますからね。紙を獲得しなければいくら論陣を張ろうにも雑誌を発行できませんからだから、紙の配給を受けるために論調が変わらざるをえなくなってくるんですね。まあ、マスコミというのは所詮マスコミで、商売仇《がたき》が山ほどいますからね。

陸軍が学んだメディア戦略

——メディアは大きな力を持っているといわれていますが、国が破局に向かうときに歯止めになれませんでした。

昭和のはじめごろは、新聞の持っていた論説はかなり影響力があったと思います。新聞のほかには雑誌くらいしかメディアがなかった時代ですから。それを一番意識したのが軍部です。軍部は、とくに陸軍はジャーナリズムというものをすごく意識しました。一般国民が思う以上に意識したんじゃないでしょうか。わかりやすいのはワシントン軍縮からロンドン軍縮までの間、大正の終わりから昭和の初めのころです。

そのころのマスコミ、ジャーナリズムはものすごく反軍でした。軍縮に対しては圧倒的に支持です。あのころの新聞を見てみると、「軍縮こそ正しい道だ。国際協調を大事にしろ」なんて主張を何ら軍を恐れることなしにやっています。

そのマスコミの力を陸軍がいちばん意識したのが昭和三年の張作霖爆殺事件です。そのときに新聞は猛反発しました。軍は張作霖爆殺の問題を抱えて永田鉄山以下、石原莞爾とか一夕会[*1]の連中が集まって、何とか新聞、世論の目を事件からそらせようと相談しています。しかしいい智恵がなかった。それが教訓になって、こんど事を起こすときには新聞を押さえなければいけない、味方につけなければダメだと日本陸軍は学んだんです。それで日本陸軍が何をしたかといったら、何やかやと理屈をつけて新聞社のお偉方を呼んで、ごちそうしたんです。朝日の緒方竹虎さん以下新聞のお偉方がたくさん呼ばれて、軍の意向を聞いています。軍は「次はうまくやれるぞ」と思っていたんでしょうね。それで満州事変です。

満州事変で新聞は一晩にしてクルッと変わってしまった。本当にクルッと変わったんです。ラジオが臨時ニュースをバンバン流した。こっちのほうは全部軍からもらった情報をそっくり流す。全然取材なんかしません。まったく軍、国家のお抱えになっています。それに新聞が追いつかない。ところが、号外をどんどん出したら新聞が売れたんですよ。ラジオが新聞を妙にたきつけてしまって、新聞が「負けるものか」となっちゃった。それでひっくり返ってしまったのかなと思いますが、それ以前に裏側ではもう十分に飲ませられていたんですよ。

——それは情けない話です。

情けない話だけれども、飲まされ、うまいものを食わされているんですね。軍の機密費でね。戦闘の情報はみんな軍から出ている。で、自然と軍の意向に寄り添うようになる。そういう形で、本当に驚くべきひっくり返りぶりです。戦争は新聞を儲けさせるというか、「新聞の宝である」といわれることもありますが、商業新聞である以上は、そういうものなのだろうなと思いますね。

――それがいちばん大きいような気がします。世論が沸騰する方向が売れるんです。逆に行くと兵糧攻めに遭う。商業新聞ですからそれはしんどいところです。売れなけりゃ成り立ちませんものね。そういう意味では厳しく責めるのも酷かなとは思いますが、せめてウソは書かないようにすべきだった。戦闘がはじまってからのウソがすごいんですよ。前線に行った特派員、新聞記者がみんなすごいことを書いています。頭を撃たれた兵隊が、弾が貫通しているのに、そのまま突撃した、なんて記事を勇ましく書いている。本当に驚きますよ。ああいう講談を書いちゃいかんですね。

――ＢＣ級裁判でも問題になる「百人斬り競争」[*2]などですね。

「国家方針は認めざるを得ない」だけならいいけれども、国民をあおったんですよ。

――それは新聞の競争心理もあるんでしょうね。今でもありますが。

競争心理はすごいんですね。満州事変のときの朝日も毎日もすごいもんです。飛行機を

＊１　一九二九年に陸軍内に発足した佐官クラスの幕僚の会合。陸軍人事の刷新と満蒙問題の解決などが申し合わされる。

＊２　日中戦争の南京攻略戦の際、日本軍将校二人が先に敵を百人斬る競争をしていると東京日日新聞が報道。事実を確認していない報道だったが、この記事を根拠に将校二人は戦犯裁判で死刑となった。

ガンガン使った。それから講演会やいろいろな寄附を集めるとか。当時の金で百万とかものすごい金を使って競争していますね。でも儲かったんでしょうね。

満州国ができて、それで少し静まったかなと思うときに国際連盟の問題なんです。国際連盟の問題のときは日本全国の新聞社が一致して「脱退せよ」の声明でしょう。あの当時の斎藤実内閣では、穏健派の大臣もいたから国際連盟から脱退しない方がいいんじゃないかという議論をしていた。そのときに全新聞社が「早く脱退しろ。日本は独自の外交政策を歩めばいいんで、何も米英の世界戦略に制約されることはない」とけしかけた。

あれだってどうもねえ。国際連盟の中にいて、何とか日本の立場を訴えるのが日本の外交じゃないかという常識的な論はほとんどなくて、時事新報の伊藤正徳さんくらいでしたかね。石橋湛山の東洋経済新報など雑誌はまだかなり冷静でした。新聞は国民をリードするというよりも、むしろ政治や軍部をうまくリードしたんですね。

――闘ったジャーナリストは少ないですか。

少ないね。寥々《りょうりょう》たるものです。

――桐生悠々[*1]はよく闘ったんじゃないですか。

こういういい方をすると悪いけれども、桐生さんは犬の遠吠えになりましたからね。要するに昭和一ケタの時代の人ですからね。

――でも、勇気がありましたね。

それは勇気がありました。よくやりました。ほかにも頑張った人も何人かいますよね。

――でも、数人じゃだめなんですね。どうしても逆らえない。とめられない。逆らえないですね。しかも日中戦争が始まってからの、いわゆる非常時になってからの新聞は、どう考えても動きがとれなかったでしょうね。軍や内務省の検閲もひどくなるし……。

さっきいった言論の自由の「生命線」が守れなくなった。それゆえに、民主主義の根本はジャーナリズムが健在であること、言論の自由にあり、と強く思いますがね。

＊1　戦前、反軍を貫いたジャーナリスト。信濃毎日新聞主筆時代、「関東防空演習を嗤ふ」と題する社説で軍批判を行い、軍部から攻撃を受けて退社。個人雑誌『他山の石』で時局と軍批判を続ける。

戦後は戦争というものが
日本人の意識からなくなっちゃった。
あるのはただ悲惨とか悲劇であるとか
そういうことばかりです。
そこから来る平和というのは観念なんです。
本当の平和論というのはそうじゃない。

第10章 ◎ 平和主義こそ日本の機軸

憲法9条を育てよ

――半藤さんは日本国憲法の平和主義の意義を説いていますね。

敗戦のときはまだ中学生（旧制）でしたが、平和憲法ができたとき、わたくしのおやじは「こんな憲法では世界でやっていけないんじゃないか」といいました。

でも、わたくしは子供ながらも「日本は平和を大事にして戦争を放棄する。軍備を持たない。これからは平和国家でいくんだ」という憲法の提唱に対してほんとうに感激して、心の底から受け入れましたね。死ぬ思いもしましたし、たくさん死んだ人を見てきましたからね。こういう人たちを再び見ることのないようにしたい。この方針でいいんだと思いました。

戦後しばらくの間、「日本は文化国家ないしは道義国家でいくんだ」ということがいわれていましたし、南原繁東大総長[*1]などはずっといい続けていました。そういうことに影響を受けていましたから、これからの日本は文化国家、道義国家でいくんだろうなということ

＊1　戦前から自由主義の立場を堅持し、戦後は護憲を貫く。ソ連を含めた全面講和論を説き、吉田茂首相から「曲学阿世の徒」と非難された。

とを本気で考えていました。ですから、いまもって日本国憲法は尊いものだと思っています。

国家というのは一つの機軸があった方がいいんです。その機軸をもとに国民が心を一つにして国家を作っていく。わたくしは「憲法9条を守る会」に直接には参加していません。むしろ自分ひとりで「育てる会」を唱えているんです。守るだけでなく、9条の精神を世界にアナウンスするという役割を日本人がもっと果たすべきだと思っています。その方が人類のためになる。守るんじゃなくて発信して大きく育てた方がいい。たった一人ですが「育てる会」の提唱者というわけです。

なぜそんなことをいうかというと、二十世紀までの戦争と二十一世紀の戦争は明らかに違うんですよ。二十世紀までの戦争は、少なくとも国家と国家が利害、国益をぶつけ合って、話し合って、それでどうしてもお互い譲れないというところまできて、やむを得ず宣戦布告をして戦いが始まる。これが十九世紀から二十世紀までずっと続いてきた。

ところが二十世紀末になって、戦争の型が変容しはじめます。一九九九年のNATO（北大西洋条約機構）軍のコソボ自治州やベオグラードへの空爆がその端緒といえましょうか。人道主義の名のもとに無差別爆撃が行われても、これは合法的な戦争、として許されるようになりました。「人権が国家主権を超える」という新しい戦争の定義が認められたんです。いかなる事態が起ころうとも、欧州を二度と戦場にしない、という固い決議のもとなんだそうですが、これにはいささかア然となりました。

　さらに二十一世紀になって、アメリカ一極になったせいもあるでしょうが、「相手が攻撃してくるかもしれないから、先制的に防衛的攻撃を仕掛けて撃破することは正義である」という形で戦争が始まります。二十一世紀の戦争はどこでもそうなっている。

　これは非常に危険なことだと思います。相手が攻撃してくるかもしれないということは勝手な主観であって、客観的にお互いぶつかり合っている話じゃないんですね。もし日本が核兵器を持っていたら、「北朝鮮が攻撃してくるかもしれないから」と先にやりかねませんよ。

　こういう形で戦争が起こるということが頻繁になってくると、地球はお終いですね。パキスタンとインドなど危険は方々でありますね。とくにイスラエルと近隣諸国なんて、のべつそれに近い戦争をやっています。こういうことをやっていると止め処もなくなりますよ。そういうときだからこそ、日本が「戦争は本当に悪なんだ。お互いに永遠にやめようじゃないか」ということをアナウンスすることは大事だと思います。

　日本だけがその資格があるんですよ。第二次大戦が終わって六十数年、一人も主権の発動としての戦争で人を殺していないし、一人も死んでいない国家ですからね。

　日本が世界に平和を呼びかけるのは決しておかしな話ではない。だからわたくしは「9条を育てよ」と盛んに提唱しているんです。でも人気はないですね。そんなこと理想論だと馬鹿にされる。馬鹿にされているけれど、こうなりゃ虚仮《こけ》も一心《いっしん》です。空襲の焼け跡で決心した「これからは絶対という言葉は使うまい」の思いをそのままに、「戦争は本当によくないことなんだから、なしにしようよ」と呼びかけていきたいですね。

リアリズムで国力を見よ

——日本が戦争へ踏み出すための高いハードルだった9条ですが、そのハードルがだんだん低くなっている感じもしますね。

まだまだ、じいさん、ばあさんが生きている限りは飛び越せないですよ。年寄りは戦争体験を経て、戦後に感じたものすごく明るいものをまだ持ち続けていますよ。生身で戦争体験をもつじいさん、ばあさんが生きている間は、なかなか9条はなくならないですよ。なるほど、いまやその御旗《みはた》はぼろぼろになりかけていますが、旗ざおだけは放さない人がいっぱいいます。でもねえ、これが全部死に絶えたら……、あっという間かもしれないね。

それと余計な話かもしれないけれど、軍隊というものを日本人は知らなすぎます。いまの自衛隊は軍隊ではないとあえていうのは、統帥権がないんですよ。統帥権がないということは独断専行が許されないということです。ところが軍隊に独断専行を許さないと戦争にならない。軍隊が動くときに、いちいち政府におうかがいをたてていたら勝てませんよ。軍隊とは勝つための組織だから。待ったなしで動かねばならない。そのためにはどうしたって独断専行を許さないと勝てません。

逆にいうと、軍隊はある力を持ったときは、いつだって内に向かうことができる。ということは「軍隊からの安全」も考えなければならない。いま右翼でも左翼でも「軍隊による安全」しか論議していませんが、軍隊からの安全ということをしっかり考えないと、たいへんですよこの国は。

二・二六事件、五・一五事件など、あの恐ろしさで、いかに日本の政治がひん曲がったことか。軍が脅しただけでどんどん日本の政治が変わりましたからね。それが軍隊の力です。そういうことをよく考えないで、「9条なんて早くすっ飛ばして」なんていう連中は何を考えているのかいなと思いますよ。

――すでに戦争体験もない、知識もない人が多数を占めています。昭和の戦争の教訓が忘れ去られる恐れもあります。これからどうすべきでしょうか。若い世代に伝えたいことはありますか。

どうしたらいいんでしょうかね。近代史を教えるといったって、考えてみると教えられる先生がいない。教育というのは国づくりのいちばん基本だと思うんですが、その教育をする先生がいなくなっているんですね。

わたくしたちの住んでいるこの国をお互いにしっかりしたものにしようじゃないかという統一した意志を持ったほうがいいですね。戦後日本人が一所懸命働いて経済大国を作った。いいか悪いかの論議はありますが。それは別として、この国を世界に誇るに足る国として作り上げることができたのは、軸になるものがあったからですね。みなで気持ちを一つにして動けるものがね。その軸は平和主義、非戦憲法だったと思いますよ。それが軸になって国づくりを一所懸命やって成功した。

バブルがはじけ飛んでから、わたくしたちの国の平和主義という機軸がどんどん薄れていったような気がします。いまはなくなっちゃったんじゃないかとさえ思えます。二〇一〇年五月、安倍晋三内閣のとき成立した改憲国民投票法が、アレヨという間に施行された。これはまさしく戦後日本をつくってきた機軸が失われたときなのかもしれない。じゃあ、代わりの機軸を何にするんだということを若い人たちもきちっと考えなきゃならない。また武装国家でいくのか、核兵器を持った国家にするつもりなのか。大国主義か、これまでどおりの軽武装の通商国家か、選択せねばならないときが近づいているようです。

いずれにしろ、国家の機軸が失われたということをもっと真剣に考えないといけない。わたくしは平和主義でいいと思っているんですがね。まだ十分に賞味期限はありますよ。ただ、それが嫌だという人も増えてきているようですから、若い人たちには「何を国家の機軸とするのか」ということをしっかりと考えて、それでみんなが心を一つにして働ける国づくりをしてほしいですね。いまは失われたままですからね。

それともう一つ、機軸とともに国家目標がなくなっちゃったですね。わたくしたちのときは廃墟からの再建、復興、それから繁栄という物資に対する憧れも含めて目標がありました。それを戦後四十年かけて成し遂げたわけです。それがいまはない。機軸もなければ国家目標もないという形で、国家が浮遊しているんだと思いますよ。

その浮遊している国家をもういっぺん大地の上に落ち着けるようにしないと、どうにもこうにもならないと思いますね。自分の子供の虐待・殺しとか通り魔などのおかしな事件とか格差の諸問題などを見ていると、これは国が崩壊しているのではないかという感じがします。もう一回作りなおさなきゃいけない。

『昭和史　戦後篇』の末尾に「日本よ、いつまでも平和で穏やかな国であれ」と書きましたが、そういう国づくりがいちばんいいと思います。大国主義で世界に出て行って軍隊の力で解決していく国ではありませんよ。資源や生産力など日本の国力をしっかり認識すればそういうことはありえません。リアリズムで考えないと。

しかも人口がこれから減るんです。それでよその国に軍隊を派遣するほどの国力はないですよ。国力というのは常に現実的に考えて、しっかりと認識しておかなければならない基本ですからね。

太平洋戦争前の日本人がいかに自分の国の国力を知らなかったか。知りながら知らないふりをしたことか。「無敵の陸軍と連合艦隊がいるんだ」と、ただそれだけ思っていた。資源が何もなくて、石油が欲しくて欲しくてというのが当時の海軍でしたからね。

ひどいもんだったね、戦争前の認識は。昭和十六年十月、近衛内閣に代わって東條内閣が成立したとき、昭和天皇に「もう一度よく見直せ」といわれて、よく調べたらとても戦争できるような状態ではないとわかった。しかし、数字をごまかして報告して天皇も納得してしまった。あんなインチキなことやっていたらだめなんです。

昭和天皇は臣下を本当に信じていたんでしょうね。何度もウソをつかれても天皇は疑わなかったんだねえ。まあ、疑ってもどうにもならなかっただろうけど。

揺らいでいる機軸

――国家の機軸について、もう少し詳しく話してください。

国家の機軸というのは要するに国民がその件に関しては気持ちを一つにできるものだと思います。もちろん一〇〇%の人がそうなることはありえませんが、大多数の人たちがそう思えるようであれば、それが機軸になると思います。それが戦後の民主主義というものでしょうからね。

独立してからの戦後日本の機軸は、「平和憲法」という言葉を使うと嫌だという人もいますが、現代の日本国憲法だと思います。戦後日本は何があろうとともかく平和を大事にして、国際協調を常に念頭に置きながら進んでいかなければならない。それが戦後の日本の歩みだと思います。ですから、機軸は憲法だったと思います。

では、国家目標はどこに置いたかとなると、これは様々な見方があると思いますが、わたくしはあっさりと考えて、昭和三十五年の六〇年安保以降に国民がほぼ合意して、国家再建から国家復興、そして国家繁栄、つまり経済大国となることに日本の国家目標を置いたと思います。

それまではいろいろな選択があったと思います。社会主義国家という選択もあったでしょう。それこそ小国主義で、何でもない文化国家を目指す方向もあった。「東洋のスイスたれ」と盛んにいわれた。反対に、また軍隊をもういっぺん作り直して堂々たる大国を目指すという昔ながらの選択もあったと思いますが、結局のところ、これらの選択は国民の大部分に支持されなかったと思います。

一〇〇％ではありませんが、国民の大部分が「これでいこうじゃないか」「それでいいや」ということで、国として一つの目標に向かったのは安保が終わった後、経済大国を目指し始めた高度成長期だと思います。

あのころわたくしらは週刊誌で月給二倍論などについていろいろ書いた覚えがあります。

それがこの国を保っていくために一番いい道なのだと思っていました。それこそ松下幸之助さん以下が当時お書きになったものを見ると、みなそうでしたよ。その象徴が東京オリンピックでしたね。みなで繁栄して、国家がもっと豊かになった方がいいという思いでした。

昭和の戦後日本は平和憲法を機軸にして、経済繁栄国家を作ろうという国家目標でひたすら走ったと思います。『坂の上の雲』に書かれた明治の人たちが立憲君主制を機軸として、世界から認められる独立国家を目指したように。

明治の場合、その独立国家がいつの間にか大帝国になるわけです。独立国家を目指すために解決しなければならない大事な問題、例えばその一つに統帥権の問題もあれば貧富の差の問題もあったでしょう。けれども、そんなものの解決は全部後回しにして、とにかく坂の上の理想をめざして走っていった。

それと同じように、戦後日本もさまざまな問題があったと思います。教育、環境、差別……。しかし、そうした諸問題の解決は後回しにしてとにかく繁栄をめざして走った。走りに走った。戦争末期から被占領期の貧困はそれはひどいものでしたから、それを骨身にしみた教訓としてね。これはもうわたくしらは自分でやってきたことだから、よく知っています。

そして見事に目的を達しました。廃墟からの再建どころか国家を最高の繁栄に導いて、

GNP二位といわれる経済大国をつくった。確かに昭和が終わるまではそうでした。ところが、昭和が終わった途端に世界の冷戦構造が終わった。これがまたピッタリと合っちゃっているからしょうがない。冷戦構造が終わったと同時にベルリンの壁が崩れ、ソ連の共産党が解体した。これらの地球的な大変化が一度に来たもんだから、とたんになぜか平成日本は平和憲法という機軸に対する疑いを持つ人が多くなってきましたね。

冷戦構造という非常に厳しい世界情勢があるときは、そんなことをいっている暇がなかったんだと思います。ところが強い国がなくなって、アメリカ一国だけになったら、アメリカの傘のもとで、こっちも強い国になろうじゃないかと思いだしたのかもしれません。半独立国であることに我慢できなくなった。平和憲法なんて、あんな情けないものはいらないという人が多くなったことは確かです。

9条の問題を別にして、憲法改正ということだけでいえば、七〇%ぐらいの人が「改正したい」といっている。日本国憲法という機軸に対して、これだけの人が疑問視しているということは、もはや機軸じゃないということでしょうね。

しかし、それと同時に、それではどういう国家を作っていくのかという国家目標もまた浮遊しだしているんですよ。現在の日本の問題は、どういう国家を作っていけばいいのかということについて、百家争鳴で、だれも一致できないことですね。

不快な歴史から目を背けるな

――わたしは戦後の荒廃から立ち上がった時代を知らない人間ですので、わかったようなことをいうと叱られるかもしれませんが、戦後しばらくの日本人の平和主義は心底の平和主義というよりも厭戦主義だったのではないでしょうか。戦争はもうたくさんだという平和主義であって、本当の平和を作り上げる視点、方法論についてなおざりだったのかな、という気もします。本当の平和を考えるなら、過去の戦争を直視しなければいけませんが、戦後の日本人は歴史問題から逃げましたよね。

逃げましたね。というより、戦争の記憶を払い落としたかった。

――悪くいえば地に足のついていない平和主義というか、現実的ではない平和主義もありました。歴史から逃げるということは、戦時中にアジアで行ってきたことから逃げるということです。それはアジアと和解しない、友人を作らないということでもある。生きていくためにはアメリカ一国と手を握るしかない。冷戦という事情もありましたが、歴史問題を避けてきたために、それが外交にまで響いてきて、国際社会での日本の立ち位置がかなりいびつだったようにも思えます。ちょっと偉そうなことをいいましたけれど。

いやいや、おっしゃるとおりです。観念的に「平和が大事だ」といっても、実際に平和とはどういうものであるかがわかっていなければならない。対比するのは戦争だから、平和を知るためには戦争とはどういうものなのかを知らなければならない。国家が戦争をするとはどういうことか。なぜ戦争に突入したのか、その戦争をどうやって終わりに導いたか。それこそ歴史なんですが、その歴史にちゃんと面と向かわなかった。見なかった。

したがって、戦後は戦争というものが日本人の意識からなくなっちゃった。あるのはただ悲惨とか悲劇であるとかそういうことばかりです。そこから来る平和というのは観念なんです。本当に今おっしゃったとおり、戦後の平和主義の中身はよくよく突っこんでみると「再び戦争をやりたくない」という嫌悪なんですね。厭戦主義だったんですね。

でも、本当の平和論というのはそうじゃない。歴史というものをしっかり認識して、日本が過去にやってきたこの大きな戦争は果たしてどういうものであったか、その正体をきちっと見ることで築きあげるものです。それはアジアの諸国との関係、もっと大きい意味では世界との関係をしっかりと見ることであって、それこそが大事なことだったんです。

ところが、戦後日本はそういうものを一切見ない。それはあまりにも悲惨だったから見なかったのと同時に、あえていえば、みんな働きづめで忙しかったんです。昭和二十七年に平和条約が発効して、曲がりなりにももう独立国家になっていましたけれども、まだ食うのも大変だったから、それはもう本当に忙しく働いた。だから、戦後十年以上もわたくしたちの歴史をちゃんと見て、そこに日本人の責任をしっかりと認識する余裕はなかったといえます。

――中国、韓国の過剰なナショナリズムに辟易することもありますが、彼らなりの歴史観を若い人にきちっと教えていますね。

向こうは徹底していますからね。いや、世界中どこの国も自国の歴史はきちんと教えています。

――日本の若い人と他国の若い人との歴史知識のギャップが見過ごせないくらいに大きくなっている気がします。アメリカ人でも歴史をほとんど知らない若者が大勢いるとは思いますが、対アジアで見ると、そこのギャップはかなり大きくて、これからうまくつき合っていけるのか心配です。

心配ですね。今になって盛んに近現代史教育が必要だといわれています。それはもっともですが、残念ながら教えることのできる先生がいない。こういう国はほかにないんじゃないの。自分の国の国史、近代史を生徒たちにきちっと教える先生が小学校にも中学校にもいない。こういう国は珍しいですよ。

――そういう教育の空白を突くように、最近は日本の戦争を強引に全面肯定する、ちょっと困った歴史観が吹き込まれていますね。

これはよく知らない人には頭に入りやすいものね。

――一時話題になった元自衛隊幹部の吹聴するような歴史観は少数派だとは思いますが。

いやあ、少数派でもないんだよね。支持する人はかなり多い。

――確かに、ある層からは支持されていて、事実誤認だらけの本が結構売れているようです。

日本に大国主義が生きている限り、それを良しとする人が多ければ多いほどああいう歴史観を信じる人がたくさん出てくるんですよ。国力を無視しての日本の大国主義がいかに誤っていたか、膨張主義がいかに国を誤らせたかということをまったく教わっていませんから、怪しげな歴史観がどんどん浸透していく余地があると思いますよ。

――自分たちに不快なものは見たくない、耳に入れたくもないという小児的な歴史観ですね。

そう思いますね。それから、自分の信じたい歴史観に都合のいい「事実」らしいものを見つけると、真偽をよく検証しないで飛びついてしまう。たとえば張作霖爆殺はコミンテルンの陰謀であった、というような怪説が一、二の外国人の著書に書かれていると、そこから一点突破で「だから日本は間違っていなかった」と飛躍していくんです。

それから、盧溝橋事件後の第二次上海事変は、当時蒋介石政権を支援していたドイツの将校団がけしかけて、蒋介石軍の方から手を出したんだ、むしろ日本は犠牲者なんだ、と力説する人がいます。確かにドイツの将校団が蔣介石軍を指導していて、そのお蔭で上海事変のときの蔣介石軍はかなり精鋭でした。

そこだけを馬車馬的にほかは目隠しして見ればドイツの策略、陰謀に乗っかって戦争を始めちゃったということになるのですが、その前に日本の軍隊が満州の国境線から中国北部にどんどん入ってきているじゃないですか。中国人から見れば、北京のすぐそこまで日本軍が迫ってきている。それを無視して、ドイツの陰謀だなんていえないんですよ。

――それこそ司馬遼太郎さんのように歴史を俯瞰すればわかることですね。

俯瞰すればわかることなんですがね。ところが、日本人は陰謀説がまことに好きなんだね。ルーズベルトの陰謀、スターリンの陰謀、チャーチルの陰謀、どれにもすぐに飛びつく。物語としてはわかりやすくまことに面白いですからね。

若者の閉塞感が怖い

――思えば昭和の国民がなぜああいう催眠状態にかかって、最後の破滅まで突っ込んでいったのか。一つは一般庶民の貧しさもかなり影響したのかなと思います。安定した民主主義のためには、富裕層と貧困層だけではだめで、そこそこの豊かさを持った中間層がマジョリティーである必要があるとよくいいますけれども、そういう層は戦前は少数でしたね。

ほとんどなかったといってもいいです。貧富は画然としていた。

――最近怖いなと思うのは、格差社会といわれ続けて、いわゆる中流と意識している層がどんどん減っていることです。国民が上下の階層に割れてくると、下の方にいる人たちにはどうしても妬みや世の中をひがんで見る傾向が出てくる。現状を変えたいと願うあまり、何か極端な意見に飛びつくなど、刹那的な意識がかなり強くなってきます。

今のお話を聞いていちばんおっかないと思うのが、団塊ジュニアの世代ですね。あの世代は今は三十五から四十歳の間くらいかな。この人たちの立場から見ると、子供のときは激しい競争社会で、勉強また勉強、その上に勉強。そして他人を蹴落として大学に入って大学をさあ卒業となったときには不景気のためひどい就職氷河期でした。結局、かなりの数の人たちが正社員になれずにフリーターにならざるをえなくなった。ちょっと前に雑誌で団塊ジュニアの世代の代表格の人が「丸山眞男をぶん殴りたい。戦争が起きればいい」ということを書きましたね。[*1] あれを読んだときにそう思いました。

＊1　雑誌『論座』の二〇〇七年一月号に「『丸山眞男』をひっぱたきたい　31歳、フリーター。希望は、戦争。」という論文が掲載された。

あの中で書かれているのは、簡単にいえば、今こんな格差社会ができちゃって、がんじがらめで何の出口もない。閉塞状況もいいところである。これをぶっ壊すために一番いいのは戦争を起こすことだ。戦争を起こせば、金持ちだろうが、貧乏人だろうが、みんな一緒になってやらなきゃいけない。昔の戦争のようにね。

太平洋戦争のときはまさにそうでしたよ。金持ちも貧乏人もないよね、大学出も高校出もない。一緒くたに焼かれちゃうんだから。あの論文が話題になったと同時に、それを支持する人がたくさんいました。団塊ジュニアの世代だけではなくて、もっと若い人たちもいたし、少し上の世代もいましたか。国家が本当に閉塞状態になって、どういう国家を作っていくのかという目標も機軸もなくなると、そういう人たちが出てくるのはわかるんです。

――人間、不幸になると歪んできますね。人のせいにしたくなります。

そうですね。自分は何も悪いことはしていないんですから。

――そうすると、敵を見つけ出すというか、ドイツのユダヤ人迫害のように、だれかのせいにし始める。そういうレッテルを貼るような社会になると怖いですね。

そして自分で努力しなくなる。勝手にしやがれという気分が社会全体に旺溢《おういつ》してくる。明日の日本の話をするといやでも暗くなってくるね。

オバマの協調主義に期待する

――アメリカはブッシュの一国主義からオバマの核廃絶宣言へと変わりました。アメリカのこの転換が日本にどのように影響すると思いますか。

わたくしはこれから世界はどんどん変わると思います。これはかなり期待していいんじゃないかと思うんです。また変わってもらわなくては地球の明日は危いですよ。ブッシュのようないわゆる大国主義、アメリカが国際警察の親方であるという意識はオバマにはないと思います。それがないだけでも随分変わると思います。国際協調重視になるでしょう。オバマという人が真の平和主義者かどうかわからないけれども、できるだけ国際間で協調して、広くみんなで話し合うということを続けている間は、わたくしはかなり期待していいんじゃないかと思いますよ。

といっても、世界の核の九十五％をもつアメリカと、ロシアがもっと本気で、地球の明日のことを考えてもらわないといけませんがね。両国がもっている計二万発以上の核弾頭が、二〇一〇年四月に署名された新戦略兵器削減条約に従って削減されたとしても、なお実戦配備された核は計三千発以上もあるんですよ。それに中国は約二百四十発かな。地球はいぜんとして最高の危険の上で動いている。

ですから、ここはどうしても世界で唯一の被爆国の日本がもっと積極的に世界の国々に働きかけねばならないんです。第9条を大きく育てあげて、地球規模のものとしなければ、とわたくしは訴えているんです。バカな夢を見るな、八十歳にもなって、と嗤《わら》われても。そりゃ、四十八歳のオバマさんが「核廃絶は生きているうちは実現できないかもしれない」なんていっていますが、そうであればなおのこと、悲惨な戦争を身をもって体験したじいさんは頑張らなくては、と思っているんです。

——日本というのは不思議な国で、とにかくアメリカと軌を一にするといいますか、ブッシュ時代はアメリカ一辺倒の小泉政権だったのが、オバマが出てきたら、ちょうど政権が交代しましたね。鳩山首相（インタビュー当時）はアメリカ一辺倒ではなく、対アジア外交を重視するといっていますけれども、今の民主党政権に対する期待はありますか。

これはどうもね。民主党政権はこのままもつんだろうかと思いますよ。これは笑い話として話すんですが、いや、案外当たっているかもしれない。今の民主党政権は幕末維新後の政権に似ていなくもないとよくいうんですよ。鳩山由紀夫さんはあえていえば三条実美だ。家柄はいい、お金もある、比較的若くもある。しかし、何も決められない。のべつぐらぐらとブレる。三条実美もそういう人だった。はたして長続きするかどうか。

それから、小沢一郎さんは西郷隆盛かな。西郷さんという人はものすごくカリスマ性がある。何でも西郷さんでなければならないというようなところがあるが、なかなか表に出たがらない。けれども、廃藩置県だろうが徴兵制だろうが何だろうが大変革は西郷さんが全部やった。この人は永久革命論者なんです。永久革命論者というのは永遠に満足しないから、また革命を起こす。西郷がいなくならなければ明治政府が安定しなかったように、小沢さんが政界から消滅しないと、いつまでもごちゃごちゃと……。

「大久保利通はだれですか」と聞かれますと、「いまの民主党にはいませんな」と答えるほかはない。菅直人さんはうんとほめていえば桂小五郎＝木戸孝允ですかね。調停役として、ものすごく悩んだりいろいろするだろうけれども、結局、木戸のように力を発揮できないままになっちゃうんじゃないかな。格好はいいし、いうこともしっかりしているけれどね。理想主義で弁は立つし、インテリですしね。ただし、いざというときの蛮力が発揮できないと、潰される危険はいっぱいです。

岡田さんや前原誠司さんは維新の第二世代の伊藤博文や山縣有朋であるかもしれないけれど、まあそこまで行かないかもしれないね。そんな話を笑い話でよくいうんです。

――おもしろい比較ですね。

似てきましたね。案外、明治の新政府というのもこんなものじゃなかったかと思いますよ。「逃げの小五郎」が菅直人、ぴったりじゃないかな。

――そうすると、現政権の中枢にいる人たちはいずれ消えてしまって、政権が安定してくるのは次の世代ということになりますか。

ほんとうに安定してくるのは次の世代でしょう。明治は十年かかりました。今は十年もかけたら大変だけれども、次の総選挙までの間にとにかく安定するためには、変わらなきゃだめなんじゃないの。

――しかし、小沢さんが永久革命論者というのは当たっていますね。常にぶっ壊してきましたから。

永久革命論者ですよ。カリスマ性があって、妙な力があって。西郷さんのように子分も沢山いるじゃないですか。笑い話で比較をするんだけど、案外当たっているかもしれないよ。そうするとこの政権はもたねえなあ（笑）。とにかく、西郷さんがいなくなるまで、政権をめぐってごたごたしたごとくに、せっかくの民主党に政権が変わっても、小沢さんがいる間は……。新しい国づくりは容易ではないんじゃないかな。

歴史は未来のためにある

――第二次大戦勃発から七十年を過ぎましたが、今の世界はまだあの戦争を教訓として、いろいろ考えていくべきでしょうか。それとも、もう脱却しましたか。

ヨーロッパではまだ重い教訓でしょう。二度と戦争はしないと。ところが、二十一世紀の戦争は形が変ってしまったし、中東方面がいまは新しい戦場になりましたからね。あっちのほうの問題は、さっきもふれたように過去の戦争論では通用しない、宗教とか信仰とか、新要素が複雑にからみ合って、ちょっと安心できないかもしれない。

――わたしはこのところずっと戦犯裁判研究をやってきたんですが、戦犯裁判とは結局、世界にとって何の教訓にもならなかったのではと思うこともあります。成果がゼロではないでしょうけれども。世界の政治にとって戦犯裁判は重要な教訓がたくさんあったにもかかわらず、それが生かされていない。とくに戦勝国は「あれは単に負けた国の失敗だ」という認識だったのか、自分たちの教訓にしようとはしませんでした。

そうですね。戦勝国がみずから戦犯裁判の成果をその後にどんどんぶち壊しましたからね。「国際法に基づいて残虐行為は等しく世界がこれを裁くんだ、これを罰するんだ」ということを示したんですが、その後のベトナム戦争、イラク戦争などを見ると、裁かれた国と同じことを、いや、もっとひどいことをやっているじゃないですか。

――イラク戦争でもし戦争裁判を開けば、ブッシュはA級戦犯ですよね。

A級戦犯ですね。ああいう戦争をやって、アメリカは自らドイツや日本を裁いた戦犯裁判の成果を無にしちゃった。戦勝国がそれを全部壊してしまった。

——日本は戦犯裁判を逆手にとってといいますか、材料にして「この戦争はおかしいんじゃないか」と訴えてもいいと思います。

日本はもっと強く訴えていいんですよ。さきの戦争の最大の教訓としての第9条を押し立てて、ね。ところが、小泉政権はブッシュの家来となって、またまた戦犯国の一員になった。呆れてものもいえませんでした。

——日本人はそこからも目をそむけましたね。

とくにイデオロギーがからむとややこしくなるし、面倒だからごめんこうむったのでしょう。でも、目をそむけちゃいかんのです。歴史をしっかりと見ることは、未来のためでもあるんです。

本当に戦争を語り継ぐ、ということ

赤坂　真理（作家）

これは、本当は、日本のいたるところで、なされているべきだった対話の本である。戦争体験世代が、その子世代に、何が起きたかを語ること。親が子に。教育現場で教師が生徒に。

これが実際は、いかになされにくいことだったか、何十年も放置されたことであったかは、聞き手である井上亮氏とほぼ同世代の――そして半藤一利氏とほぼ同世代の親を持つ――私には、よくわかる。

特に、戦争経験者とその子世代の、男性と男性が、「あの戦争」についてごまかさず反動的にもならず問いと思索をやりとりするのは、むずかしかったろう。のみならず、全世代で父と息子のような関係においてそれは、最もしにくい議論だったのではないか、理由は、この先を読めばわかっていただけると思う。

そのむずかしい対話を、多くの普通の日本人に代わって、この二人の著者と編者が引き受けてくれたと思う。そして知と経験と教訓のアーカイヴを、続く世代にも残してくれたと。感謝を禁じえない。

「私たちは戦争を語り継がなければなりません」というメッセージが、私は大嫌いだった。私が生まれてこのかた、このメッセージは社会にあったし、今だって発され続けている。誰もがそれをさも大事そうに受け渡す。その実、受け渡されるのは、「その言葉」でしかない。そしてそれさえあたかも夏の季語のように、八月十五日に向けて現れては消えてゆく。

私たちは戦争を語り継いでいない、という事実は、しかし、私が思うよりずっと根が深かった。大きな要素が少なくともふたつ、ある。ひとつは、「語り継ぐ」意志が、実は日本社会にないこと。あるならば、八月以外にもいつもそのことは語られてきたはずだ。

もうひとつの要因は、さらに根が深い。

本書を読むまで、私も気づかなかった。

それを体験した人たちにも、何が起こったかわかっている人がほとんどいない――。

何が起こったのか知りたい。なぜにあんな思いをしなければならなかったのか。

それが、少年として戦争を体験した半藤一利氏を、最初に突き動かした衝動だろう。

彼は戦争を語る者として「イノセンスな語り」「被害者の語り」を許される立場である。しかし、それをしようとは思わなかった。戦争を語るには、戦争の本質を語らなければならないと思った。それを追った。

戦争へと、国家と人を突き動かした欲求は、なんだったのだろう？

どこにそういう駆動力があり、どこで本質を見誤り、どこで引き返せなくなり、その後、どうしたのだろう？

半藤一利氏が研究者出身ではなく、編集者であったことは、巨大な幸運であったと思う。

彼がしたこと。それは、とにかく人と声と真実を「集めて」「編み直し」、世に出すこと。これが、本来の「編集」の意味でもないだろうか。

膨大な声たちから、同時代でそれをくぐった人たちにさえわからない全貌をあぶりだし、また、声なき声たちに託されて、何かを書く。

また彼は、一流の文士たちと交流し、そのやり方をも吸収していった。それが彼の本の多くにも反映された。

この本は、一流の交遊録としても面白く読める。司馬遼太郎と松本清張の興味の持ち方や質問の発し方など、私たちが知れる機会はめったにない。また、風景なども、目に浮かんで美しい。幼少時の向島の様子など、まさに永井荷風を読むような上質さを、私はたのしんだ。

さて、ここで、こう反論してくる人もいると思う。

戦争は語り継がれているし、その努力を続けている人もいる、と。もちろんいる。たとえば、補給のない戦線でいかに飢えと敵と戦ったか、いかに戦略爆撃の下を逃げ惑ったか、いかに戦後の食糧難を生き延びたか。

「戦争を語り継ぐ」番組や、本や、会に接してみれば、そういう話がある。今でも努力している語り部もいる。

それはリアルだし、体験者でしか語れないこともある。その努力の尊さを疑う気はない。が、戦争という全体の、あえて言えばひとつの小さな側面にすぎない。戦争の影響の話ではあるけれど、戦争の本質ではない。

そして「その語り」しか日本の戦後になかったことが、「戦後」の問題を大きなものにしたこともまた、事実であろうと私は思う。

それは、聞き手によって、受け取り方が大きく異なってしまうタイプの話だ。

同様の経験をした聞き手は「二度とあんな体験はごめんだ」というはらわたにしみた実感を呼び覚ますだろう。一方、経験しなかった聞き手には、「昔はそんなかわいそうなことがあったんだね」という感想となる。

そして、「二度とごめんだ」という呻きを、「かわいそうだったね」の声が圧倒したとき、それは本当に「昔話」になるだろう。こういう型の昔話である。「昔々、こんなひどいことがありました。二度と繰り返してはいけません。私たちはこれを語り継がなければいけません」。

将来ではなく、今までも、この語りしか、なかった。

こういう定形の話が、どれだけの戦争抑止力を持ち続けるだろうか？

戦後世代に「平和への模範解答」があったのは、日露戦争後の陸軍士官学校に「必勝への模範解答」があったのと、よく似ている。

尽力している人には頭がさがる。が、聴く側としても、目を覚まされるものがない。

この定形だけが、「戦後日本」という時空間の中で、唯一「許された」語りのかたちであった。

「銃後の語り」「被害者の語り」「弱者の語り」。運命に翻弄される被害者としての私……。特攻隊の話とて、この例外ではない。赤紙ひとつで招集され、命令に背けなくて命を散らしたかわいそうな青年。

それは戦死者当人たちの実感だったかもしれないが、聞いた人は素朴にかわいそうと思っただろうが、後世の人間までその語りしか受け継げないのは、問題がある。

戦争には意図があり、企画者がいた。戦争はただの天災ではない。

その話は、なぜタブーなのか？「悪」だから？　だったら「悪」の構造を解き明かさなければ、その社会は本当に危ないのではないか。「悪」は、まだある。「悪」は敵ではなく、私たちの一部だ。それは解明されない限り、保存されて今も手つかずだ。

私は、日本人が積極的な平和努力をしてきたから70年間戦争が起きていないのだ、とは思っていない。こういう話から、「あの体験はごめんだ」とはらわたから思う人が多かったから、そうだったのだと思う。政治家にも民間人にも。彼らが一種の重しとなって、戦争を抑止していたのだと思う。

だから、今が危ないのだ。「いま」ほんとうの意味で「戦争と平和を語る」ことに、意味があるのだ。

いまでなければ、失われてしまう。

この本には、もうひとつの、知りたい衝動が存在する。これが、「いま戦争と平和を語る」ことを、真に後続世代に伝わるものにしている、と私は思う。

その衝動は、聞き手と編集を担当した井上亮氏のこんな問いの中にある。

終盤で、「これからのこと」を話そうという時、彼はこんな問いを発する。異例の長い問いで、異例の「わたしは」という主語で始まる。

これこそは彼の核にあった疑問で、この世代の持てる「戦争や戦後への切実さ」であると思う。

わたしは戦後の荒廃から立ち上がった時代を知らない人間ですので、わかったことをいうと叱られるかもしれませんが、戦後しばらくの日本人の平和主義は心底の平和主義というよりも厭戦主義だったのではないでしょうか。

すごい問いだ。これを訊けた彼の勇気と、関係性への信頼に、感動する。

この直観は、私も持ってきた。私たちが育って味わってきたのは、「平和を最も大事にするはずの社会の暴力性」だったから。

平和を説いてきたはずの、社会が、学校が、教師が、会社が、システムが、暴力的だった、軍隊みたいだった。看板の文言が変わっただけで。

いまここにもある閉塞と暴力性。

下の世代もが共有しうる「戦争への手がかり」としては、こういうことしかない。戦争は、今も自分に影響し続けているという実感がなければ、すぐに昔話にされる。そして、「戦争など自分には関係ない」と無自覚であればあるほど、あらたな戦争には近づく。

井上氏の問いはこう続く。

「戦争はもうたくさんだという平和主義であって、本当の平和を考えるなら、過去の戦争を直視しなければなりませんが、戦後の日本人は歴史問題から逃げましたよね」

応える半藤氏が見事だ。ごまかしのないこの場面の緊張感。

「逃げましたね。というより、戦争の記憶を振り払いたかった」

平和をつくるためにこそ戦争を研究してきたという半藤一利氏。だからこそ、井上亮氏は問うたのだろう。

半藤一利氏は、直接的には責任者ではないにもかかわらず、体験者として責任を感じて、真っ向から応えたのだろう。

思えば半藤一利氏を突き動かしてきたものは、この責任感ではないか。本書の中で、英霊らしき幽霊が夢枕に立ったとも彼は語っている。「書きます」と約束したら、幽霊的存在は、消えたという。他者に何かを託されて書く人は、大変だろうが、強い。

この本は、二世代の語り継ぎのようでいて、半藤一利氏は実は「真ん中」にいる。戦争を体験はしたが従軍経験を持たず、まして戦争を企画した身でもない彼は、まず、彼自身と上の世代をつなぐことから始めたのである。

戦争の実行者たちは、何を考えどう行動したのか？　企画立案者たちは？

戦争は、ただの天災ではない。企画がある。どんなに責任の所在があいまいでも、何かを決めた意思決定機関は、必ずある。

たとえそれがブラックボックスのようなものだったとしても。

誰もが、あの戦争の決定的な要因はわからないと言う。「平和への罪」を軍事法廷で問われた者さえ、自分は上から命令されたことを実行しただけだと言う。

それが本当ならば、そのほうが、怖いことなのだ。

おそろしいブラックボックスがそっくりそのまま残っているということだから。

残された我らが、我らの全力をかけても解明しなければならないほどの問題だ。

考えてもみてほしい。

もし、「あの戦争」が、本当に作戦本部にもわからないブラックボックスの中のような作用で起きて遂行されてしまったのならば、それこそは、独裁者が一人いたより怖い。その怖さは今の私たちの社会や政治にも無傷で脈々と継がれている。システムだから。今も、誰もがあきらめを感じるような、民意がまったく反映されない政治やなんやかやの中に、それは存在し続ける。

そのメカニズムを相手取ること、メカニズムの解析に向かうことこそ、日本人に課せられた急務ではないのか？

メカニズムだからこそ、同じことは起きるのだ。

そしてまた、誰の責任でもないことになるのだ。

繰り返されないうちに、解明しなければならない。

何が起きたのか。

それを解き明かすのには、戦争を相手取るだけでは充分ではない。

「幕末から明治にかけてのこの時代に国家を滅ぼすための種は全部あったと思います」

と半藤一利氏は言う。正しいと思う。

天皇を中心とした官僚の国をつくった。そのうえ、はじめの官僚たちが、中心たる天皇を、パワフルでもありパワーレスでもある存在としてつくった。

これほど厄介なことがあろうか？

だったら誰に責任があるのか？　と、性急に答えを出したい人から問いが来そうである。たしかに責任の所在はむずかしい。しかし、「戦争責任」という考え方を、いったん横においてもらえないだろうか。

私たちは「責任」を問いたいよりもまず、失敗を繰り返したくないのだ。だったら、事実を虚心坦懐に、「添加物抜きで」見ようではないか。

天皇を中心とする官僚社会をつくり、その官僚たちでできた内閣は、議会に優先した。

しかも、天皇を、責任があって、ないものとして官僚たちはつくった。

近代国家を急ごしらえするのには効力を発揮したこのやり方は、運用者が変わってちがう方向に利用されはじめたとき、真におそろしい事が始まる。誰もが天皇への直訴を奥の手のように考える。ついにその法整備さえする（帷幄上奏権《いあくじょうそう》）。すると奥の手はメインルートになってしまう。クーデターもどきの手段を軍が乱発する。そして最後に、誰にも責任がないことになる。

戦争というのは、多くの悲しみや憎しみを産むが、それ自体は悪でも善でもない。戦争であるだけだ。起こることが、あるだけだ。起こることがあると認識すればこそ、起こさない努力や、起きた被害を最小にする努力も可能になる。そのリアリズムが見えなくなるほどに自己評価や拡張への欲望が大きくなると、その国と民は、悲惨の最大へと転がってゆく。

その始まりのひとつは辛勝だった日露戦争の「成功体験」だったと半藤一利氏は言う。これが日本人の心を変えてしまった。大国意識に酔い、アジア蔑視も始めた。陸軍士官学校の「模範解答」――戦争の必勝法は白兵戦と夜襲であるというバカバカしいもの――が真面目に確立されてしまったのも日露戦争の「成功体験」の副産物だ。後の悪しき「精神主義」も、このへんから発生する。

また、明治以来、権力闘争の場にほかならなかった政府内部と軍の、クーデターもどきの「内向きの軍事行動」の多さ。これも、指摘されると啞然とする。テロリズムと同じ効果があるのだ。「テロリズム」つまり恐怖でもって人心を動揺させて自分たちの要求を通す方法。二・二六事件をそのようにとらえる半藤一利氏の指摘には、はっとさせられた。

そしてこういうことごとは、雪崩のように起きたのであって、責任者は存在しないことになっている。

責任者が本当にいないのだったら、それでもそう転がっていった「システム」そのものを相手どらなければいけない。

これはさらにむずかしいことだ。今までほとんどなされたためしがない。それでも、するしかない。

それは、我々自身の思考パターンに、深く刻まれたものを見る作業になる。痛い作業でもある。

しかしそれを解き明かして直視しなければ、いつまでたっても、この国のかたちを創造的に想像することはできない。「経済再生の道しか（国の未来は）ない」と、時の首相は言ったりするけれど、そういうのは、ヴィジョンとは言わない。

本書によって、戦争をほんとうの意味で語り継ぎつつ、「国のかたち」を創造的に思い描ける人が増えてくれることを、願ってやまない。

そして、その試みは、今やっとこの社会に手渡されたばかりだ。

（二〇一五年四月）

本書は二〇一〇年七月に小社から刊行した同名書を文庫化したものです。

日経ビジネス人文庫

いま戦争《せんそう》と平和《へいわ》を語《かた》る

2015年5月1日 第1刷発行

著者
半藤一利
はんどう・かずとし

編者
井上 亮
いのうえ・まこと

発行者
斎藤修一

発行所
日本経済新聞出版社
東京都千代田区大手町1-3-7 〒100-8066
電話(03)3270-0251(代) http://www.nikkeibook.com/

ブックデザイン
菊地信義

印刷・製本
凸版印刷

Printed in Japan ISBN978-4-532-19762-9